BERND AHRBECK

JAHRMARKT

ZU KLAMPEN

Reihe zu Klampen Essay
Herausgegeben von
Anne Hamilton

Bernd Ahrbeck,
geboren 1949, ist Erziehungswissenschaftler, Diplom-Psychologe und Psychoanalytiker. Er lehrt als Professor für Psychoanalytische Pädagogik an der Internationalen Psychoanalytischen Universität (IPU-Berlin). Von 1994 bis 2016 hatte er einen Lehrstuhl am Institut für Rehabilitationswissenschaften der Humboldt-Universität zu Berlin inne. Seine Arbeitsschwerpunkte sind Psychoanalytische Pädagogik, kultureller Wandel und Erziehungsphilosophien, schulische Inklusion und empirische Bildungsforschung.

BERND AHRBECK

Jahrmarkt der Befindlichkeiten

Von der Zivilgesellschaft zur Opfergemeinschaft

zu Klampen ESSAY

Inhalt

Einleitung

Die Gesellschaft ändert sich gravierend, in einer Geschwindigkeit und Richtung, die noch vor einem Jahrzehnt kaum vorstellbar war. Grundfeste der bürgerlichen Ordnung werden infrage gestellt: Nicht nur punktuell, wie es im Laufe der Zeit immer wieder und teils mit erfrischender Wirkung geschah. Nunmehr kumulieren einzelne, ursprünglich separierte Anliegen zu einer Bewegung, die sich machtvoll in Szene setzt und zunehmend an Einfluss gewinnt. Sie strebt einen fundamentalen gesellschaftlichen Wandel an, ein neues kulturelles Selbstverständnis, das mit dem bisherigen an entscheidenden Stellen bricht.

In den Vereinigten Staaten ist diese Entwicklung am weitesten vorangeschritten. Dort ist inzwischen ein regelrechter Kulturkampf entbrannt zwischen den sich als fortschrittlich verstehenden, vor allem der Identitätspolitik verpflichteten Kräften und jenen, die ihnen widersprechen, weil sie Ordnungsverluste fürchten und ihre persönliche Freiheit bedroht sehen. Die politische Korrektheit ist dabei eine wesentliche Größe. Zunächst hatte sie ein überaus berechtigtes Anliegen: Unerkannte oder nicht ausreichend beachtete Herabsetzungen von Personengruppen oder einzelnen sollten aufgedeckt und es sollte ihnen entgegenwirkt werden, unter anderem durch einen sensibilisierten Sprachgebrauch. Dabei stieß sie, historisch betrachtet, auf ein lohnendes Arbeitsfeld. Inzwischen ist die politische Korrektheit weit über ihr ursprüngliches Ziel hinausgeschossen. »Den Zustand der gebotenen Antidiskriminierung hat PC längst verlassen. Sie ist zum politischen Entwurf geworden, der die Gesellschaft und den Staat umkrempeln soll.«[1]

Immer mehr Gruppierungen stellen an sich in immer feineren Verästelungen Diskriminierungen und Benachteiligungen fest. Immer lauter wird ihr Ruf nach Entschädigung und Wiedergutmachung, geradezu in einem Wettkampf darum, wem die größte Opferrolle gebührt. Oft unter Verweis auf eine Intersektionalität, die Konkurrenzvorteile erbringen soll. Mit den gesteigerten Sensibilitäten wächst auch das Bedürfnis nach Sprachkontrolle, darüber, was gesagt werden darf und was nicht. Und nach Sanktionen für diejenigen, die sich nicht daran halten. Häufig reicht allein der Umstand aus, dass sich jemand gekränkt fühlen könnte, um Verbote zu begründen.

Dieses Anliegen stößt auf große gesellschaftliche Resonanz: in den Medien, in Parteien, Gewerkschaften und Nichtregierungsorganisationen, diversen sozialen Verbänden und Unternehmen. Das Machtbegehren, das damit einhergeht, wird ver-

1 Joffe 2017, S. 1.

ständnisvoll aufgenommen, der Anspruch auf moralische Hegemonie oft sogar offen unterstützt. Irgendwie, diese diffuse Formel ist berechtigt, scheint es, dass etwas angesprochen wird, das Aufgeklärtheit verspricht und gute Gefühle vermittelt, vor allem Schuldfreiheit und die narzisstische Gratifikation, weltoffen auf der Seite des Fortschritts zu stehen.

Gender-, Anticolonial-, Critical Whiteness- und Antirassismusstudien, im Gesamtkonzert der Wissenschaften allenfalls kleine Nebenstimmen, werden stark wahrgenommen. Hier zahlt sich aus, dass sich ihre wissenschaftliche Erkenntnissuche wie in kaum einer anderen Disziplin mit politischem Sendungsbewusstsein vermischt. Der moralische Druck, den sie ausüben, ist ausgesprochen hoch und er fällt auf einen aufnahmebereiten Boden. An amerikanischen Universitäten haben sie eine Machtposition errungen, die sich kaum noch begrenzen lässt. Einschränkungen des freien Diskurses sind an der Tagesordnung. Faktisch handelt es sich um Rede- und Denkverbote, die von Studenten und Hochschullehrern unterschiedlicher Fächer eingeklagt werden. Dazu gehört die Forderung, dass bestimmte Literatur aus dem Lehrkanon gestrichen wird und unliebsame Bücher aus Bibliotheken verschwinden. Diese Entwicklung ist so weit vorangeschritten, dass Condoleezza Rice, die ehemalige Außenministerin der USA, die jetzt wieder in Stanford lehrt, besorgt feststellt: »PC ist eine ernstzunehmende Bedrohung für die Existenz von Universitäten«[2] geworden.

Die hiesigen Verhältnisse sind davon (noch) deutlich entfernt. Doch Anlass zur Sorge gibt es auch hier, und es ist keine Petitesse, wenn sich der Deutsche Hochschullehrerverband erklärt: »Problematisch ist aber, dass ›Political Correctness‹ zunehmend ausgrenzend und latent aggressiv instrumentalisiert wird, verbunden mit der Attitüde, aus einer moralisch unangreifbaren Position heraus zu argumentieren. Wenn jedoch abweichende wissenschaftliche Meinungen Gefahr laufen, als unmoralisch stigmatisiert zu werden, verkehrt sich der Anspruch von Toleranz und Offenheit in das Gegenteil: Jede konstruktive Auseinandersetzung wird im Keim erstickt. Statt Aufbruch und Neugier führt das zu Feigheit und Anbiederung.«[3] Und eine Pressemitteilung vom 11. April 2019 (»Freie Debattenkultur muss verteidigt werden«) warnt erneut vor Einschränkungen der Meinungsfreiheit: »Differenzen zu Andersdenkenden sind im argumentativen Streit auszutragen – nicht mit Boykott, Bashing, Mobbing oder gar Gewalt.«[4] »Die Freiheit der Wissenschaft ist in Gefahr«, das hat Bernhard Kempen, Präsident des Hochschullehrerverbandes, kürzlich noch einmal bekräftigt.[5]

---

2 Scheu/Rice 2018, Buchsteiner 2021.
3 Deutsche Hochschullehrerverband 2017, S. 404 f.
4 Kempen 2019.
5 Kempen 2021.

Eine eigentümliche Beklommenheit hat um sich gegriffen, insbesondere in den Kultur- und Sozialwissenschaften. Es scheint, als sei ein riesiges Gewitter aufgezogen, das überall bemerkt wird, über das aber nicht gesprochen werden darf. Aus Angst, es könne ausbrechen. Eine offene Auseinandersetzung unterbleibt deshalb. Heikle Themen werden vermieden, Literaturlisten vor ihrer Publikation überprüft, damit sie bloß keine Titel enthalten, die Verlagen oder der (Fach-)Öffentlichkeit anstößig erscheinen könnten – unabhängig von ihrem wissenschaftlichen Gehalt. Bei Vorträgen und in Seminaren werden bestimmte Autorinnen und Autoren nicht mehr genannt. Ob die dahinter stehenden Befürchtungen tatsächlich in jedem Fall eintreten, ist eine andere Frage, bereits die intellektuelle Selbstbeschneidung stellt ein gravierendes Problem dar. Die Folge einer übersensitiven Ängstlichkeit ist sie zumeist nicht. Die Gefahren, die lauern, sind durchaus reale.

Fest steht auch: Diese bedrückende Entwicklung ist durchaus so gewollt. Medial und aus den Universitäten heraus wird sie aktiv und wirkungsmächtig befeuert. »Mittlerweile bestimmt sie ganz selbstverständlich den öffentlichen Diskurs.«[6] Die »falschen« Stimmen sollen nicht mehr zu Wort kommen, das Böse müsse bekämpft werden: Rassismus und bis heute fortwährende koloniale Haltungen,

6 Scheu 2020.

Islamophobie, Frauenbenachteiligung und Transphobie, Behindertenfeindlichkeit und Exklusion. Eine Rücksichtnahme auf Andersdenkende sei fehl am Platz, das erlauben die hohen Ziele nicht mehr. Demokratische Grundrechte müssten, wenn die Umstände es erfordern, Einschränkungen erfahren. Zum Beispiel, indem Vorträge gewaltsam verhindert werden. Konservative und (Neo-)Liberale, Rechte und Reaktionäre hätten sich schließlich lange genug austoben können.

Ein ursprüngliches Aufklärungsbemühen und Antidiskriminierungsbestreben ist damit auf ein falsches Gleis geraten. Frauen haben lange und erfolgreich für ihre Rechte gekämpft, mit viel Geduld und großer Entschiedenheit. Die Akzeptanz, die Homosexuelle heute erfahren, ist ebenfalls nicht vom Himmel gefallen. Auch sie wurde hart erstritten. Die verbesserte Lebenssituation Transsexueller, die auf veränderten juristischen Grundlagen beruht, ist ein weiteres Beispiel, die schulische Integration und später die Inklusion behinderter Kinder ein anderes. Jeweils ging es darum, dass sehr konkrete, klar benennbare, teils auch juristisch fixierte Benachteiligungen und Diskriminierungen überwunden werden sollten.

Inzwischen hat sich die Situation gewandelt. Vorwürfe von Benachteiligung und Unmenschlichkeit stehen allgegenwärtig im Raum, pauschale Anklagen, die sich dem Abgleich mit der Realität nur selten stellen. Das würde eine strenge Empirie erfordern, den Willen, zwischen gravierenden Verletzungen und Bagatellphänomenen zu unterscheiden. Statt dessen beherrschen gesteigerte Empfindlichkeiten das Feld, die jede Gegenwehr im Keim ersticken sollen. Die Entdifferenzierungen, die damit einhergehen, sind beträchtlich und an Grobheit mitunter kaum zu überbieten. Alle Weißen sind Rassisten, ausnahmslos, verkündigt die Soziologin und Bestsellerautorin DiAngelo (2020). »Jeder Weiße ist Rassist durch die Sozialisation in einer rassistischen Kultur.«[7] Auf der institutionellen Ebene wird das gegliederte deutsche Schulsystem mit der Apartheid in Verbindung gebracht, der politisch verfügten Rassentrennung. Das »deutsche Bildungssystem [sei] eines der weltweit segregierendsten, [ein] an Apartheid grenzendes Aussonderungssystem«, so lautet die Klage von Theresia Degener[8], der ehemaligen Vorsitzenden des Ausschusses der Vereinten Nationen für die Rechte von Menschen mit Behinderungen. Und Schumann[9] brandmarkt die Existenz von Sonderschulen als skandalöse Menschenrechtsverletzung.

Doch nicht nur institutionelle Differenzierungen sollen aufgehoben werden, etwa im Sinne einer »Schule für alle«, die konsequenterweise keine Privatschulen mehr erlauben dürfte. Auch elementare

7 nach Neukirch 2020.
8 Degener 2018, S. 7.
9 Schumann 2018.

Unterschiede zwischen Personen werden infrage gestellt. Differenzen zwischen Behinderung und Nichtbehinderung, zwischen den Geschlechtern, sexuellen Orientierungen und Sexualpraktiken, zwischen Kindern und Erwachsenen, öffentlichem und privatem Leben oder zwischen unterschiedlichen Leistungsfähigkeiten, die unter Gerechtigkeitsaspekten verdächtig erscheinen. Wer Grenzen benennt, von ihrer Sinnhaftigkeit überzeugt ist und sich Nivellierungsbestrebungen widersetzt, begibt sich in Gefahr. Er wird schnell als unaufgeklärt und hoffnungslos rückständig klassifiziert oder schlimmer noch: als jemand, der ausschließlich an der eigenen Macht interessiert ist und seine Privilegien retten will.

Das Lob der Vielfalt trägt hier offensichtlich nicht mehr. Unterschiedlichkeit hat ihren ansonsten beschworenen positiven Wert verloren. Schnell und unnachgiebig werden neue Grenzen gezogen. In zwei Richtungen: Zunächst gegenüber denjenigen, die nicht der eigenen Weltanschauung entsprechen. Im Sinne einer neuen moralischen Ständeordnung ist ihre Sicht zweitrangig geworden, das, was sie beizutragen haben, von minderem Wert. Mitunter wird sogar gefordert, sie sollten sich gänzlich der Stimme enthalten, sofern sie nicht unmittelbar betroffen sind. Am Ende der Kette, ganz unten in der Hierarchie, steht der weiße alte europäische Mann, der als so schuldbeladen gilt, dass er kaum noch ein Recht hat, sich zu äußern.

Betroffen ist aber auch, wer sich innerhalb der eigenen Gruppierung nicht genau an den Gruppenkodex hält. Ein Beispiel: Die Loveparade ist eine bunte, exaltierte, teils auch provozierende Form der Selbstdarstellung unterschiedlicher Personengruppen, die sich früher verstecken mussten. Aber warum darf sich dort heute nicht jeder Homosexuelle zeigen, der Lust hat, daran teilzunehmen? Douglas Murray wurde dies verwehrt, mit der Begründung, er sei ein erklärter Konservativer. Peter Thiel, Gründer des Online-Bezahldienstes Paypal, musste sich im Schwulenmagazin »Advocate« vorwerfen lassen, er sei kein wirklicher Schwuler. Seine politische Haltung lasse das nicht zu. Nicht mehr Fakten sind hier gefragt, denn an der sexuellen Ausrichtung gibt es keinen Zweifel. Entscheidend ist das Bekenntnis zu einer bestimmten Lebensform, die keine Abweichung toleriert.

Die Frauenrechtlerin Alice Schwarzer ist inzwischen zum Feindbild wichtiger Teile der Genderforschung und Genderbewegung geworden. Sie repräsentiere, so lautet der Vorwurf, die Sicht alter privilegierter weißer Frauen. Besonders übel wird ihr genommen, dass sie den kulturrelativistischen Positionen, die Judith Butler[10] einnimmt, widerspricht und sich weigert, in der Zwangsverschleierung von Frauen einen emanzipatorischen Akt zu sehen. An der Wiener Universität für Kunst wurde

10 Butler 2010.

sie deshalb am Reden gehindert, mit der Begründung, sie vertrete einseitige, rassistische und islamophobe Positionen.

Einen ebenso schweren Stand haben konservative Schwarze in den Vereinigten Staaten. Sie gelten leicht als Verräter, wenn sie sich vom Meinungsstrom ihrer tonangebenden ethnischen Gruppe entfernen und ihm widersprechen, insbesondere an Universitäten. »Uncle Tom«[11], so lautet der bezeichnende Titel eines Films, der diese Situation nachzeichnet.

Nirgendwo wird die Gemeinsamkeit aller stärker beschworen als dort, wo eine totale Inklusion angestrebt wird. Vielfalt gilt als überaus bereichernd, jeder soll dazugehören und in seiner Besonderheit anerkannt werden. Ausnahmslos und unterschiedslos. Nur: Was ist mit denjenigen, die sich nicht einschließen lassen wollen, die separierte Wege gehen möchten? Was ist mit den Kritikern, denen eine solche Inklusion zu weit geht? Sie stoßen auf heftige Ablehnung, werden moralisch attackiert bis hin zur Ausstoßung. Im Wissenschaftsdiskurs gibt es genügend Beispiele dafür. Wer als Inklusionsgegner etikettiert ist, wird nicht mehr eingeladen, seine Publikationen werden entwertet, nicht selten unterstützt von persönlichen Angriffen. Damit ist eine widersprüchliche Lage benannt. Auf der einen Seite sollen alle gleich, in Freiheit und gegenseiti-

11 Elder 2020.

gem Respekt verbunden sein oder sich zumindest so fühlen. Anderseits erfolgen neue Grenzziehungen, mit großer Entschiedenheit und teils unerbittlicher Härte, so dass dadurch tiefe Gräben entstehen.

Hinter dieser Entwicklung steht eine Befreiungsidee, die sich in zwei unterschiedliche, miteinander unvereinbare Richtungen erstreckt. Es geht jeweils um eine wahre Bestimmtheit des Menschen, die entweder seiner Innenwelt entspringen oder aus Herkunftsbedingungen resultieren soll – etwa dem Geschlecht, der Hautfarbe oder der sozialen Lage. Gemeinsam ist ihnen, dass sie einer starken Abgrenzung nach außen bedürfen, aus der existentiellen Notwendigkeit heraus, sich über eine ablehnende, wenn nicht gar feindliche Umwelt zu definieren.

Im ersten Fall wird die Auflösung bestehender Grenzen angestrebt. Differenzen erscheinen in einer Welt, in der jedem alles möglich sein soll, per se als anrüchig, benachteiligend und ungerecht. Sie sollen möglichst nicht mehr in Erscheinung treten. So kann es bereits als freiheitsberaubend und persönlichkeitsschädigend gelten, wenn Kinder ihrem biologischen Geschlecht gemäß ungleich behandelt werden, auf welche Weise auch immer. Allein das Benennen von Unterschieden, *discriminare* im ursprünglichen Wortsinn, wird als ein diskriminierender Akt angesehen, der zwangsläufig zu Kränkungen und Herabsetzungen führt. Eine durch und durch rücksichtslose Gesellschaft zeige darin ihr wahres Gesicht.

Diese Herrschaftsverhältnisse sollen jetzt gebrochen, soziale Fesseln abgelegt werden, die Zeit sei reif dafür. Dann könne sich die Menschheit endlich frei entfalten und zu sich selbst finden. Die Selbstkonstruktion ist dabei zum entscheidenden Begriff aufgestiegen. Jeder könne sich seine eigene Welt erschaffen, durch sprachliche Destruktion, die eine neue Wirklichkeit erzeugt, oder auf andere Weise. Leitend ist die Vorstellung, dass innere Kräfte existieren, die zur Entfaltung drängen, umso erfolgreicher, je weniger sie von außen gestört werden. Diese Hoffnung, die Sehnsucht nach einer kränkungsfreien, den Menschen natürlich umhüllenden Welt, ist uralt. Sie findet sich bereits bei Rousseau, tritt seitdem in immer neuen Formen und diversen Verkleidungen auf und genießt heute ein besonderes Ansehen.

Wie eine solche Selbstschöpfung erfolgen soll, worauf sie genau zurückgreift, bleibt allerdings unklar. Der Verweis auf eine freischwebende Vorstellungskraft, die sich mit diffusen Ursprungsmythen verbindet, gibt darauf keine auch nur annähernd befriedigende Antwort. Nach Cohen[12], dem israelischen Psychoanalytiker, wird hier eine »goldene Fantasie« bedient. Die Illusion, es könne eine von historischen Belastungen, gesellschaftlichen Verpflichtungen und inneren Widersprüchen berei-

12 Cohen 2004.

nigte Entwicklung geben. Das Kind entwickelt sich dann nicht mehr dialogisch, in Abhängigkeit von und Auseinandersetzung mit signifikanten Anderen, sondern es verbleibt in seiner narzisstischen Blase, die auf die Außenwelt ausgedehnt wird. Getrieben von der Erwartung, die Umwelt müsse sich seinen Bedürfnissen anpassen, mehr noch: sich ihnen vorausahnend unterwerfen, um jede Störung zu vermeiden – fast wie in einem *safe space*. Die Gesetzmäßigkeiten der äußeren Realität müssen dazu in wesentlichen Bereichen außer Kraft gesetzt und fremde Interessen zum Schweigen gebracht werden. Wie eine Gesellschaft aussehen könnte, die aus so strukturierten Personen besteht, ist schwerlich vorstellbar, zumal dann, wenn sie sich eine hohe Funktionsfähigkeit erhalten möchte. Das allerdings teilt sie mit anderen Utopien. »Es ist die unendliche Schwäche einer jeden kritischen Position«, dass »wir von einer solchen Welt nichts Zuverlässiges wissen«.[13]

Die andere Seite, den Gegenpol dazu, bilden erneute Grenzziehungen. Im Namen der Identitätspolitik haben Differenzen eine Renaissance erlebt. Abgrenzung ist wieder zu einem hohen Wert geworden. Entscheidend soll nun wieder die Zugehörigkeit zu einer Gruppe sein, die sich anhand besonderer Kennzeichen ausweist, die als unver-

13 Adorno 2006, S. 72.

rückbare Größen im Raum stehen. Sie bestimmen, wohin jemand gehört. »So wie nach Marx'scher Lesart die Produktionsverhältnisse die Stellung eines Menschen in der Gesellschaft gänzlich determinieren, sind es heute die Merkmale Geschlecht, sexuelle Orientierung, Ethnie.«[14] – Höherwertigkeit oder Geringerwertigkeit inbegriffen. Frauen zählen mehr als Männer, Homosexuelle sind wichtiger als Heterosexuelle, Schwarz ist besser als Weiß.

Diese Gruppenzugehörigkeit, über die streng gewacht wird, soll auch darüber entscheiden, ob sich jemand als Person entfalten kann. Wie in einer Art Urheimat, die vor fremden Einflüssen zu schützen ist, damit sie nicht überflutet wird. Erst auf diesem sicheren Boden, einem rein gehaltenen Acker, könne es ein persönlich stimmiges und freies Leben geben, in einer ursprünglichen Verbundenheit, die den Kern der persönlichen Identität prägt. Von einer offenen Selbstkonstruktion, die bisherige Grenzen überschreitet, ist dieses Verständnis weit entfernt. Identitätspolitisch müssen Differenzen und Grenzen bewahrt, gefestigt oder neu errichtet, nicht aber abgebaut werden. Martin Luther Kings Traum, Menschen sollten »nicht wegen der Farbe ihrer Haut, sondern nach dem Wesen ihres Charakters beurteilt werden«[15], hat sich in sein Gegenteil verkehrt. Was jetzt wieder zählt, ist die Hautfarbe

---

14 Scheu 2020.
15 Luther King 1963.

oder ein anderes Gruppenmerkmal, das Eigene, das sich vom Fremden unterscheidet. Kulturelle Aneignung ist verpönt. Sie gilt als schlimme Grenzverletzung. Die Außenwelt erscheint deshalb als permanente Bedrohung, auf die mit heftiger Abwehr reagiert wird. Gleichwohl bildet sie einen unverzichtbaren Bestandteil des Gesamtsystems. Ein Feindbild wird benötigt: Der psychodynamische und sozialpsychologische Gewinn, den es erzeugt, liegt auf der Hand. Innere Bindungen sollen gestärkt und die Gruppe fest zusammengeschweißt werden. Dementsprechend gering ist auch die Toleranz für Abweichungen im Inneren, wie oben genannte Beispiele zeigen.

In Bildung und Erziehung nehmen Träume vom befreiten Menschen und einer pädagogisch veränderten Welt seit jeher einen wichtigen Platz ein. In jüngerer Zeit ist die Inklusion zu einem zentralen Thema geworden. Die an sie gerichteten Erwartungen und Hoffnungen sind immens. In einem totalen Inklusionsverständnis gehen sie weit über die zu verbessernde Lebens- und Lernsituation behinderter Kinder, Jugendlicher und Erwachsener hinaus. Angestrebt wird ein »Neues Zeitalter der Pädagogik« in einer grundlegend veränderten Gesellschaft, die zu einer »inklusiven Welt« führt und ihren eigenen Gesetzen gehorcht. Mit dem gängigen Leistungsprinzip dürften beide allerdings kaum vereinbar sein.

Eine weitere große Bewegung löst eine geschlechtergerechte Pädagogik aus, die Genderpädagogik. Ihr ursprüngliches Anliegen war eine altersgerechte Aufklärung über Sexualität, unterschiedliche Sexualitätsformen und zu schützende Minderheiten. Darauf beschränkt sie sich schon seit langem nicht mehr. Ihr erklärtes Ziel ist es inzwischen, dass die bisherige Geschlechterordnung, die grundlegende Polarität von Mann und Frau, in Frage gestellt wird und damit auch die herkömmliche Familie als gesellschaftlich favorisierte Lebensform. In der Folge werden Kinder in Vorschulen und Schulen mit Materialien und Themen konfrontiert, die in ihre Privatsphäre eindringen und ihre Intimitätsschranken verletzen.

Von dem Gefühl, im falschen Körper zu stecken, berichten inzwischen immer mehr Jugendliche, vor allem Mädchen. »Transgender« ist zu einem überaus populären, medial befeuerten Begriff geworden, von dem eine erhebliche Faszination ausgeht. Er steht für eine äußerst weitreichende Verfügbarkeit über das Leben und den eigenen Körper, der den Gesetzen der eigenen Innenwelt, den Vorgaben eines authentischen Selbst, gehorchen soll. Frauen werden zu Männern, Männer zu Frauen, so lautet das Versprechen, das allerdings etwas Wichtiges unterschlägt. Eine vollständige Geschlechtsumwandlung ist unmöglich, allenfalls gelingt eine Annäherung an das andere Geschlecht. Für wie zwingend innere Gewissheiten gehalten werden, bezeugen nationale Gesetzesentwürfe, die bereits 14jährige Kinder dazu ermächtigen wollen, dass sie allein über eine Geschlechtsumwandlung entscheiden können.

Absehbar ist, dass der Rassismus zum nächsten Leitthema wird. Eine Sensibilisierung ist auch hier zu begrüßen: Dort, wo wirkliche Probleme existieren, müssen sie wahrgenommen, aufgeklärt und ausgeräumt werden. Die sorglose Rede vom strukturellen Rassismus steht dem aber im Weg. Sie übergeht die empirische Frage, wann und worin sich Rassismus konkret zeigt – oder eben auch nicht. Die globale Diagnose, Rassismus sei den zentralen Strukturen der Gesellschaft inhärent, dorthin implantiert und unbewusst allgegenwärtig, läuft ohne Abgleich mit der Realität ins Leere. Das beeindruckt die Postkolonialstudien, die dieser These verpflichtet sind, jedoch nicht. Sie beanspruchen eine Monopolstellung für sich, denn nur sie könnten aufgrund ihrer Identifikation mit den Opfern die Vergangenheit richtig bewerten. Eine toxische Vergangenheit, was die Europäer betrifft, die aus Schuld und nichts anderem bestehen soll. Dazu nur ein Beispiel: »(...) der Reichtum Europas verdanke sich einzig der Ausbeutung der Kolonien«.[16] Kinder, denen das vermittelt wird, sind einer extremen Entwertung ihrer Vorfahren ausgesetzt. Sie

16 Nach Wendt 2020, S. 36.

begegnen einer Vergangenheit, die nichts Gutes in sich tragen soll, mit älteren Generationen, die nach außen überaus destruktiv waren und im eigenen Kulturraum keinerlei bedeutende zivilisatorischen Leistungen erbracht haben. Das hört sich unglaublich an, ist aber wirklich so gemeint.

Diese Leitthemen berühren auch pädagogische Fragen, oder sie sorgen für ein atmosphärisches Hintergrundrauschen, das sich mehr oder weniger offen auswirkt. Dazu ein Beispiel: Ein an einer Berliner Fachhochschule öffentlich angebrachtes, an sich harmloses Gedicht Eugen Gomringers wurde entfernt, weil Frauen darin bewundert werden. Es lautet: »avenidas / avenidas y flores / flores / flores y mujeres / avenidas / avenidas y mujeres / avenidas y flores y mujeres y / un admirador«.[17] Diese Zeilen seien sexistisch, sie verletzten Frauen in ihrer Würde, weil sich Männer und Frauen in einer ungleichen Position befänden. Das mache sie unerträglich. Ihr Anblick sei unzumutbar. Doch was bedeutet es, wenn eine solche Haltung in die Schulen einfließt? Wenn eine solche Sensibilität zur Leitidee für die Beziehung der Geschlechter wird?

Zahlreiche weitere Fragen schließen sich an. Eine davon bezieht sich auf den Gerechtigkeitsbegriff als übergreifende Kategorie. Gerechtigkeit scheint

17 Gomringer 1953; übersetzt: »Alleen / Alleen und Blumen / Blumen / Blumen und Frauen / Alleen / Alleen und Frauen / Alleen und Blumen und Frauen und / ein Bewunderer.«

es heute weniger zu geben als jemals zuvor, immer mehr Lebensbereichen wird vorgeworfen, sie seien strukturell diskriminierend und ungerecht. Politische Korrektheit und Identitätspolitik kennen in ihren Anklagen wenig Nachsicht. Abweichungen vom Ideal einer absolut gerechten, herrschaftsfreien Gesellschaft werden nur schwer ertragen. Auch das Generationenverhältnis soll sich inzwischen möglichst spannungsarm darstellen. Partnerschaftlichkeit statt generationaler Differenz, das ist die konfliktvermeidende Parole. Kindliche Selbstentfaltungskräfte gelten als außerordentlich bedeutsam, und bereits kleinen Kindern wird ein erhebliches Maß an Autonomie zugestanden. Oder, je nach Sichtweise, zugemutet. Inwiefern geht es dabei um eine zeitgemäße Anpassung an den historischen Wandel, oder soll eine anthropologische Konstante, sollen Ödipalität und Generativität eliminiert werden? Das wirft zugleich die Frage nach der Zeitdimension auf und danach, welche Rolle die Vergangenheit im persönlichen Lebenslauf spielt. Und es erinnert daran, wie sich die Gesellschaft zu ihrer eigenen Vergangenheit verhält. Zweifelhaft ist allerdings, ob sich die Vergangenheit bewältigen lässt, indem man ihre Zeichen vernichtet und aus dem Bewusstsein tilgt. So, wie es in den Bilderstürmereien der Gegenwart versucht wird. Im schlimmsten Fall, wenn der Kulturkampf ein ungünstiges Ende findet, wird »[a]lles, was an Bewahren, Erhalten, Tradition oder Weitergabe erinnert, (...) für verdächtig erklärt«[18] – noch sehr viel stärker als heute und in einer Radikalität, die man sich nicht wünschen sollte.

Am Ende steht die Frage: Wer profitiert davon, wenn sich öffentliche wie fachliche Diskurse verengen und der Raum des Sagbaren beschnitten wird? Wem hilft es, wenn Emotionalität und Betroffenheit obsiegen, Moral und Hypermoral triumphieren, Rationalität und Diskursoffenheit aber das Nachsehen haben? Und wer hat den Schaden davon? Noch hat sich diese bedenkliche Entwicklung nicht flächendeckend ausgebreitet, wohl aber in einigen wichtigen Segmenten, die im folgenden genauer beleuchtet werden. Noch besteht die Möglichkeit zu einer Umkehr, die sich nicht nur der Hochschullehrerverband wünscht.

18 Liessmann 2017, S. 19.

Gerechtigkeit

> »Was haben die Bewohner von South Bronx wohl davon, dass an Elite-Universitäten Sprachcodes durchgesetzt werden?«
>
> *Christopher Lasch*[1]

GERECHTIGKEIT: Dieser Begriff ist in aller Munde – Bildungsgerechtigkeit, Geschlechtergerechtigkeit, Verteilungsgerechtigkeit, Generationengerechtigkeit sind nur einige Beispiele dafür. Gerecht soll es zugehen, das ist ein ebenso verständlicher wie verbreiteter Wunsch. In Familien, Schulen, Universitäten, am Arbeitsplatz, in Gerichtssälen. Wobei sich das, was als gerecht erlebt wird, im Laufe der Zeit erheblich gewandelt hat.

Die gesellschaftliche Voraussetzung für Gerechtigkeit ist, dass jeder Mensch über die gleichen Rechte verfügt und ein freies Leben führen kann. Auf höchster Ebene findet sich dies im Gleichheitsgrundsatz der Vereinten Nationen wieder. In der Allgemeinen Erklärung der Menschenrechte heißt es: »Alle Menschen sind frei und gleich an Würde und Rechten geboren« (Art. 1, Satz 1). Dem entspricht das deutsche Grundgesetz, das im Artikel 3 ein Diskriminierungsverbot enthält. Es besagt, dass

1 Lasch 1995, S. 15.

niemand aufgrund bestimmter persönlicher Merkmale benachteiligt werden dürfe, etwa wegen seines Geschlechtes, seiner Abstammung, seiner religiösen oder politischen Anschauung oder einer Behinderung. Zahlreiche internationale Deklarationen weisen in die gleiche Richtung, indem sie die Rechte spezieller Personengruppen herausstellen: Die UN-Konventionen gegen Rassismus, gegen Frauendiskriminierung, zum Schutz von Wanderarbeitern oder die Behindertenrechtskonvention. Wer weiß, wie viele Menschen weltweit elementarer Rechte beraubt sind, wie sehr sie unter groben Ungerechtigkeiten leiden, wird den Wert dieser Konventionen zu schätzen wissen.

Was im einzelnen als gerecht empfunden wird, lässt sich allerdings schwer objektivieren. Das persönliche Gerechtigkeitsgefühl eröffnet breite Spielräume, es speist sich aus vielfältigen, oft intimen Quellen. Die Lebensgeschichte und die aktuelle Lebenssituation spielen dabei eine Rolle, innere Konflikte und soziale Bindungen, weltanschauliche Positionen und religiöse Verpflichtungen. Das, was als ungerecht erfahren oder als gerecht erlebt wird, markiert sensible Punkte. Es prägt sich ein und wird zu einer Leitlinie eigener Überzeugungen und Bewertungen. Im guten Fall entsteht eine innere Haltung, die sich als unbestechlich erweist, zugleich aber selbstkritisch bleibt und sich möglichst unvoreingenommen mit der Lebenswirklichkeit auseinandersetzt.

Häufig bereitet das jedoch große Schwierigkeiten. Wenn es um Gerechtigkeit geht, ist die Gefahr groß, dass die Distanz zu sich selbst schwindet. Zu stark kann die Gewissheit sein, dass das eigene Erleben hinreichende Begründungen enthält. Manch Konträres mag intellektuell einleuchten, bleibt aber folgenlos, sobald Affekte, moralische Gewissheiten und Ideale die Vorherrschaft übernommen haben. Wenn die emotionalen Temperaturen steigen, verblassen Differenzierungen, unterschiedliche, durchaus widersprüchliche Gerechtigkeitsdimensionen fließen dann scheinbar problemlos ineinander und erzeugen dadurch eindeutige Bilder.

Früher war das Gerechtigkeitsempfinden stärker überindividuellen Kriterien verpflichtet. Auch bei hoher persönlicher Beteiligung, bei Enttäuschungen und Empörungen, gelang ein Rückbezug auf allgemein anerkannte Werte leichter, in Übereinstimmung mit gesellschaftlichen Erwartungen, die dies einforderten. Die Gerechtigkeitsvorstellungen der Gesellschaft wurden in weiten Bereichen geteilt oder, wo dies nicht der Fall war, durch kollektiv unterfütterte Gegenentwürfe in Frage gestellt – der Arbeiter- und Frauenbewegung zum Beispiel. Ein Gruppenbezug stand dabei im Vordergrund: eine Bindung an einen großen Personenkreis, die das rein Subjektive überstieg. Solidarität nannte man das früher. Heute ist die Forderung nach Gerechtigkeit personalisierter, oft folgt sie einer persönlichen Betroffenheit, die vehement vorgetragen wird. Oder sie beruft sich auf die Zughörigkeit zu diversen Identitätsgruppen, die ihre Ansprüche mit großer Entschiedenheit und hohem moralischen Impetus vertreten. Auch dadurch ist Gerechtigkeit zu einem großen Wort geworden.

Die sich endlos hinziehenden Debatten über eine gerechte Schule zeugen davon. Jutta Allmendinger[2] hat sich in ihrer Schrift »Schulaufgaben« exemplarisch mit vier Bildungsverläufen beschäftigt, die sich vom Kindergarten bis hin zur Volljährigkeit erstrecken. Beschrieben wird, wie diese Kinder im Kindergarten eng miteinander verbunden sind, ungeachtet ihrer Herkunft und unterschiedlicher Entwicklungsvoraussetzungen. Im Laufe der Zeit lockern sich die ehemals engen Beziehungen, sie lösen sich sukzessive auf. Unterschiedliche Bildungswege werden eingeschlagen, die zu Abschlüssen an einer Förderschule, einer Hauptschule, einer Realschule und dem Gymnasium führen. Am Ende besteht kein Kontakt mehr. Die einzelnen können miteinander kaum noch etwas anfangen. Die Autorin hält diese Entwicklung, die sie detailliert nachzeichnet, für überaus bedenklich.

Verantwortlich dafür sei das zutiefst ungerechte, gegliederte Schulsystem, das Kinder sozial voreinander abschotte, sich zu wenig um den Einzelnen kümmere, persönliche und häusliche Erschwernisse nicht kompensiere. Zwar entwickeln

---

2 Allmendinger 2012.

sich drei Kinder insgesamt gut und das vierte, das unter schwierigen Umständen aufwächst, erreicht zumindest einen Hauptschulabschluss. Das behinderte Mädchen besucht eine Sonderschule, auf ausdrücklichen Wunsch der Eltern, die auch eine andere Option hatten. Dennoch ist es der Autorin ein Dorn im Auge, dass die Kinder unterschiedliche Weg gehen und sich voneinander entfernen. Jede Möglichkeit, die nicht genutzt wurde, wird bedauert, als dramatisch ungerecht bezeichnet, insbesondere die unterschiedlichen Abschlüsse. Ganz nach dem Motto: Gleichheit ist gerecht, Ungleichheit ungerecht. Auftretenden Differenzen, das ist die zentrale Aussage, hätten sich durch systemische Korrekturen vermeiden lassen. Bildungspolitisch geht damit die Forderung nach Inklusion, längerer gemeinsamer Lernzeit und einer Einheitsschule einher. Sie soll, wenn sie sich pädagogisch richtig aufstellt, fast wie ein Allheilmittel alle Ungerechtigkeiten überwinden, die durch Differenzierung und Trennung entstünden. So als würde ein anderes Bildungssystem andere Kinder erzeugen.

Anna Mayr[3] hat ein sehr persönlich gehaltenes Buch geschrieben, in dem sie über ihre Zerrissenheit zwischen ihrem Herkunftsmilieu und ihrer Arbeitswelt berichtet. Auf der einen Seite stehen die langzeitarbeitslosen Eltern, auf der anderen ihre Tätigkeit als »ZEIT«-Redakteurin. Der Karriere-

3 Mayr 2020.

sprung, der dazwischen liegt, ist beträchtlich. Eine Anerkennung für die Entwicklungsmöglichkeiten, die ihr gesellschaftlich geboten wurden, sucht man vergeblich, auch im Hinblick auf die Schule, die sie problemlos und offensichtlich erfolgreich durchlaufen hat. Statt dessen finden sich Klagen über Klagen: Über die soziale Distanzierung der »Elenden« (Buchtitel), die verachtet werden, über ihre reale Chancenlosigkeit und ihre Rolle als Reservearmee, der sie nicht entkommen dürfen. Eigentlich, da ist sich die Autorin ganz sicher, habe die Gesellschaft auch ihren Aufstieg nicht gewollt. Kompliziert wird das Ganze dadurch, dass es sich beim Vater um einen Tischler mit Abitur handelt und die Mutter, ehemals Punkerin, Philosophie studiert hat. Die Bildungsvoraussetzungen der Tochter werden deshalb so ungünstig nicht gewesen sein. Unklar bleibt auch, warum die Eltern über Jahrzehnte arbeitslos sein mussten, wie es im Text heißt. Umso mehr frappiert, wie stark die Autorin die Welt aus ihrer persönlichen Perspektive beurteilt, nur aus dieser und ohne kritische Distanz. An den überbordenden Vorwürfen gegenüber einer schuldbeladenen Gesellschaft hält sie unbeirrt fest. Befunde der empirischen Bildungs- und soziologischen Arbeitsmarktforschung interessieren nicht. Die persönliche Betroffenheit steht über allem, nur von ihr aus wird die Welt gesehen.

Auch in Mayrs Buch wird also heftig über eine mangelnde soziale Gerechtigkeit geklagt. Hier sind es die Arbeitslosen, die Armen, die Elenden, denen Unrecht geschieht, bei Allmendinger waren es schulische Hürden, die einer Bildungsgerechtigkeit im Weg stehen sollen. Gerechtigkeit wird jeweils mit Gleichheit identifiziert und damit eine Gerechtigkeitsformel bedient, die so sehr zum Konsens geworden ist, dass sie kaum noch Widerspruch erlaubt – öffentlich wie in weiten Teilen der Wissenschaft. Auf der Seite der Schwachen zu stehen, sichert zunächst verständlicherweise Sympathie, mit kritischer Distanz gegenüber den Privilegierten und Erfolgreichen ist Beifall leicht zu erheischen. Der Komplexität des Phänomens werden die Autorinnen jedoch nicht gerecht. Davon sind sie weit entfernt. Ihr affektiv aufgeladenes Gerechtigkeitsempfinden wird deshalb im folgenden mit der empirischen Realität konfrontiert.

In der Tat ist es so, dass Bildungssysteme sozial selektiv wirken. Auch in den skandinavischen Ländern, die für ihr Gleichheitsstreben bekannt sind, oder in der ehemalige DDR, die eben nicht nur Arbeiter- und Bauernkinder an die Spitze gebracht hat. Dieses weltweit vorzufindende Phänomen beruht darauf, dass Kinder durch ihr Elternhaus geprägt werden. Das kulturelle Kapital, das Familien verkörpern, wird besonders in den ersten Lebensjahren weitergegeben. Bereits zu Schulbeginn unterscheiden sich Kinder verschiedener Sozialschichten in Entwicklungsstand und Lernvoraussetzungen stark voneinander. Die Schere, die bis dahin aufgegangen ist, öffnet sich im Laufe der Schulzeit weiter, aber bei weitem nicht mehr so stark wie zuvor. Die ersten Kindheitsjahre haben also ein besonderes Gewicht. Dementsprechend ist die Erwartung lebensfremd, die Schule könne alle sozialen und kulturellen Unterschiede ausgleichen und all das wiedergutmachen, was an Ungerechtigkeit in der Gesellschaft existiert. Dazu ist sie beim besten Willen nicht in der Lage. Ähnlich geht es Kindergärten und Vorschulen, auch sie können sich um Kompensation bemühen, aber ihre Möglichkeiten sind ebenfalls begrenzt.

Der Auftrag, zu Bildungsgerechtigkeit beizutragen, verliert dadurch nicht an Bedeutung. Er ist überaus ehrenwert und muss mit Entschiedenheit vertreten werden, das verlangt die demokratische Verfasstheit der Gesellschaft. Jeder Mensch soll eine Chance erhalten, seine Begabungen optimal zu entfalten, das ist eine Selbstverständlichkeit, niemandem darf ein Bildungsaufstieg verwehrt werden. Dort, wo soziale Disparitäten bestehen, müssen sie, sofern es in der Macht der Schule steht, reduziert werden.

Zunächst ist anzuerkennen, dass sich Gesellschaft und Schulen in den letzten Jahrzehnten beträchtlich geöffnet haben, aus vielfältigen Gründen, darunter auch ökonomischen. Insofern ist ein Aufstiegsversprechen keine leere Worthülse geblieben. Die Möglichkeit, das Abitur abzulegen, ist für »Arbeiterkinder« immens gestiegen. Das hat zu einer sozialen Mobilität geführt, die zuvor für unmöglich gehalten wurde. Gleichwohl nehmen die Klagen nicht ab, in Deutschland sei es um die Chancengleichheit besonders schlecht gestellt. Die soziale Herkunft entscheide fast nirgendwo so sehr darüber, wie sich Kinder in der Schule entwickeln. Besonders öffentlichkeitswirksam hat Vernor Muñoz, der ehemalige UN-Sonderberichterstatter für das Recht auf Bildung, das deutsche Schulsystem attackiert und ihm vorgeworfen, es sei so bildungsungerecht, dass Menschenrechte verletzt würden.

Einer Realitätsprüfung halten diese Behauptungen nicht stand. Rainer Bölling[4] hat sich mit der PISA-Studie 2015 einen zentralen Referenzpunkt der Diskussion genau angeschaut. Ihr lässt sich entnehmen, dass Deutschland im internationalen Vergleich nahe am Mittelwert liegt, nur schwach signifikant darüber. 13 Prozent der Leistungsunterschiede lassen sich im OECD- Durchschnitt auf die soziale Herkunft zurückführen, in Deutschland sind es 16 Prozent. Das ist wahrlich keine skandalöse Differenz. Das belegen auch weitere prominente Studien, etwa Untersuchungen zum Lesen (IGLU) oder zu den mathematischen und naturwissenschaftlichen Kompetenzen (TIMMS) im Grundschulbereich. Von einer besonderen sozialen Selektivität zeugen ihre Ergebnisse ebenfalls nicht. Ganz

4 Bölling 2019.

überwiegend entscheiden also andere Faktoren über die schulische Entwicklung. Damit stellt sich die Situation ganz anders dar als noch zu Beginn des Jahrtausends.[5]

Eine besondere Rolle spielen die sogenannten Gelenkstellen, die Übergänge von einer Schulform zur anderen. Einiges spricht dafür, dass das Elternwahlrecht am Ende der Grundschulzeit soziale Disparitäten verstärkt. Bei gleicher Begabung, darum geht es hier, schicken sozial weniger privilegierte Eltern ihre Kinder seltener auf das Gymnasium. Das Lehrerurteil fällt demgegenüber viel objektiver aus, es richtet sich primär nach den erbrachten Leistungen. Durch Sozialfaktoren wird es – entgegen anderslautender Bekundungen – nur im geringen Maße verzerrt. Zu mehr Gerechtigkeit trägt deshalb bei, wenn schulischen Urteilen vertraut und der elterliche Einfluss zurückgeschraubt wird. Interessanterweise werden Kinder mit Migrationshintergrund bei schulischen Laufbahnempfehlungen nicht mehr benachteiligt, eher trifft sogar das Gegenteil zu.

Der an die Schule gerichtete Vorwurf, sie sei auf unverantwortliche Weise ungerecht, bleibt ohne

---

5 Bedacht werden muss zudem, dass sich die PISA-Ergebnisse auf 15jährige beziehen, deren Entwicklung noch nicht abgeschlossen ist. Rund 40 Prozent der Studienberechtigungen werden inzwischen über Fachoberschulen oder berufsbildende Einrichtungen erworben (Hartmann 2013, S. 96). Das wirft ein neues Licht auf die Frage nach der sozialen Selektivität.

empirische Grundlage. Olaf Köller und Jürgen Baumert, zwei führende empirische Bildungsforscher, bestätigen das mit den Worten: »Natürlich liegt es nahe, die Institution Schule selbst als Schuldigen der Ungleichheiten zu identifizieren und eine nach wie vor existente soziale Diskriminierung von Arbeiterkindern im Bildungssystem zu beklagen (...) Die empirischen Belege für diese These sind allerdings außerordentlich schwach. Die Befunde von Längsschnittuntersuchungen, die überhaupt erst eine Überprüfung der theoretischen Annahme zulassen, liefern wenig Unterstützung.«[6]

Dennoch wird diese Behauptung immer wieder neu aufgetischt. Die tiefe Überzeugung, es gehe ungerecht zu, währt fort. Von der Realität lässt sie sich kaum beeinflussen. Eine besondere Abneigung besteht gegenüber dem gegliederten Schulsystem, das »brutalen schichtspezifischen Machtinteressen« dienen und von »sozialdarwinistischer Härte« zeugen soll. Ganz in diesem Sinne hatte Hartmut von Hentig bereits vor Jahrzehnten für die Einrichtung von Gesamtschulen plädiert. Seine gruselige Begründung lautet, nur so könne die Aufteilung zwischen den »durch Auslese erzeugten Leistungsmenschen einerseits und Abfallmenschen andererseits«[7] überwunden werden. Doch es kam anders: Faktisch haben die Gesamtschulen die an sie gestell-

6 Köller/Baumert 2008, S. 757.
7 von Hentig 1987, S. 48.

ten Erwartungen nicht erfüllt, sehr zur Ernüchterung Helmut Fends: »Selten hat mich das Ergebnis meiner Forschungen so überrascht und enttäuscht wie diesmal: Die Gesamtschule schafft unter dem Strich nicht mehr Bildungsgerechtigkeit als die Schulen des gegliederten Schulsystems – entgegen ihrem Anspruch und entgegen den Hoffnungen vieler Schulreformer, denen ich mich verbunden fühle.«[8] Auch internationale Vergleiche bestätigen: Einheitsschulen führen nicht per se zu einer geringeren sozialen Selektivität. Systemfragen werden überbewertet.

Der Unterricht selbst ist der entscheidende Faktor. Hier erweist es sich, wie sich Kinder entwickeln und inwieweit Bildungsgerechtigkeit gelingt. Glaubenskriege über die richtige Schulform sollten deshalb aufgegeben und alle Kraft darangesetzt werden, dass sich die Qualität der pädagogischen Arbeit vor Ort verbessert, zum Wohle aller Schülerinnen und Schüler, der leistungsstärkeren wie der leistungsschwächeren.

Diese in sich begrenzte Lösung erscheint denjenigen als zu unbedeutend, die einem weitreichenden Gerechtigkeitsanliegen verpflichtet sind. Sie wollen mehr. Sehr viel mehr, eine totale Gerechtigkeit, die von der Vision geleitet ist, es könne eine

8 Fend 2009, S. 55 f.

Gesellschaft geben, die zu jeder Zeit jedes Anliegen absolut umsichtig und fair behandelt. Eine Welt, die ohne narzisstische Kränkungen auskommt und auf reale Zurücksetzungen verzichtet. In extremer Form findet sich dieses Bedürfnis in den *safe spaces* wieder, die vor allem an amerikanischen Universitäten eingerichtet werden. Sie sollen vor den kleinsten Beeinträchtigungen (»Mikroaggressionen«) schützen und den Anforderungen, Ungerechtigkeiten und Zumutungen des alltäglichen Lebens keinen Raum geben.

Solche Illusion zerplatzt jedoch früher oder später an der inneren und äußeren Realität. Selbst wenn sich Kinder in der Schule völlig unabhängig von ihrem sozialen Hintergrund entwickeln würden, ändert sich die gesellschaftliche Rahmung dadurch nicht. Hierarchien bleiben erhalten, und auch das Konkurrenzprinzip wird nicht außer Kraft gesetzt. Nicht jeder wird jede Stellung erreichen, die er sich wünscht, nicht das bekommen, was andere auch haben möchten. Die Karten sind dann zwar neu gemischt, aber die Spielregeln bleiben die gleichen. Kränkungen und Zurücksetzungen sind auch zukünftig im privaten und öffentlichen Leben unumgänglich, ein subjektiv erlebter Mangel wird weiterhin bestehen und damit auch das Gefühl, es gehe ungerecht zu.

Zudem stellt sich die Frage, ob eine vollkommen gerechte Gesellschaft psychisch überhaupt verkraftbar wäre. Denn dann würde nur noch das eigene Vermögen zählen, alles, was erreicht wird oder misslingt, hängt an der eigenen Person. Sie wäre vollumfänglich für sich verantwortlich, sie und nur sie allein. Der Selbstwert steht deshalb vor keiner leichten Aufgabe. Dass nicht alle die gleichen Voraussetzungen und Befähigungen mitbringen, tritt dann um so unverstellter und wohl auch schmerzlicher hervor.

Ein weiterer Aspekt kommt hinzu: Eine solche Gesellschaft setzt ein ausgeprägtes inneres und äußeres Kontrollsystem voraus, das dirigiert und lenkt, Verbote ausspricht, diverse Aktivitäten einschränkt und eine ständige Schuldbereitschaft einfordert. Das Leben verliert an Lebendigkeit, es wird unfrei, so dass am Ende dafür ein hoher Preis zu zahlen ist. Vielleicht hat Harald Martenstein doch nicht ganz unrecht, wenn er schreibt: »Vollkommene Gerechtigkeit ließe sich nur erreichen, indem man das Glück abschafft (...) Ich glaube, wir alle werden das Glück vermissen, wenn es tatsächlich verboten wird.«[9]

Häufig wird nur unzureichend gewürdigt, dass sich über Leistung Türen und Tore öffnen können, die ansonsten verschlossen bleiben. Wer sich unter erschwerten Lebensbedingungen auf den Bildungsweg macht, verfügt mit den erbrachten Leistungen über ein einzigartiges Emanzipationsinstrument. Durch Wissen und Bildung lässt sich der

---

9 Martenstein 2014, S. 129; S. 132.

gesellschaftliche Status entscheidend verbessern. Andere Mittel wie Geld und Beziehungen, die zu privilegierten Positionen führen können, stehen ihnen nicht zur Verfügung. Eine Schwächung des Leistungsprinzips wendet sich deshalb besonders gegen sozial benachteiligte Kinder und Jugendliche, jene aus »bildungsarmen« Elternhäusern. Für sie ist es im besonderen Maße ungerecht, wenn das Leistungsniveau so lange gesenkt wird, bis niemand mehr hinter den gestellten Anforderungen zurückfällt. Das nach PISA-Kriterien gerechteste Bildungssystem findet sich in Algerien, in einem Land, das auf der Leistungsskala den vorletzten Platz bekleidet. Unter diesem Gesichtspunkt ist auch kritisch zu überprüfen, ob die ständig steigenden Abiturientenzahlen, die durch eine Senkung des Leistungsniveaus erkauft werden, wirklich einen Schritt zu mehr sozialer Gerechtigkeit bedeuten. Zumal sich die dazu benötigten Leistungen zwischen den einzelnen Bundesländern deutlich unterscheiden.

Persönliche Chancengerechtigkeit bedeutet, dass jedes Kind seine Leistungspotentiale voll ausschöpfen kann. Auch das stellt ein Grundrecht dar, ein überaus wichtiges sogar. Niemand darf daran gehindert werden, sich zu entfalten, egal welcher Herkunft, auch nicht durch schulische Strukturen, die Gleichheit fördern wollen und den Leistungsaspekt vernachlässigen. Ergebnisgleichheit erzeugt neue Ungerechtigkeiten. Nicht nur im Kontext schulischer Inklusion gibt es dafür zahlreiche Belege. Um den jeweiligen Begabungen gerecht zu werden, bedarf es einer optimalen Passung zwischen individuellen Lernvoraussetzungen und schulischen Lernumwelten, die institutionelle Differenzierungen voraussetzt. Eine gute Schule führt dazu, dass sich die Leistungen spreizen. »Die Homogenitätsannahme wird zwangsläufig durch erfolgreiche Pädagogik zerstört.« Wenn jedes Kind optimal gefördert wird, »dann reduziert das nicht Leistungsdifferenzen, wie viele Leute gemeinhin annehmen, es maximiert sie. Wer besonders begabt ist, hat auch mehr Entwicklungspotential«.[10] Das unterschiedliche Leistungsvermögen tritt dann besonders deutlich hervor, als Folge einer Chancengerechtigkeit, die eine freie Entfaltung der Person zulässt.

Wenn Wille und Leistungsfähigkeit vorhanden sind, darf niemand entmutigt werden, einen anspruchsvollen Bildungsweg zu beschreiten. Das geschieht jedoch viel zu häufig, gestützt auf den immerwährenden Vorwurf, die Gesellschaft sei ungerecht und bestimmte Personen hätten sowieso keine Chance. Mayrs oben genanntes Buch trägt leider zu einer solchen Haltung bei, und auch Allmendingers Schrift ist diesbezüglich wenig ermutigend. Es kommt auch darauf an, wie der einzelne seine Möglichkeiten nutzt, seien sie erschwert oder auch nicht. Ein eindrucksvolles Beispiel dafür bie-

---

10 Tenorth in Fleischhauer 2010, S. 122.

tet Carol Swain[11], eine in einem Ghetto aufgewachsene Schwarze. Sie hatte die Schule mit 16 Jahren ohne Abschluss verlassen und geheiratet. Als sie 21 war, hatte sie drei Kinder. Als einen Wendepunkt in ihrem Leben, sie wurde später eine erfolgreiche Universitätsprofessorin und Autorin, bezeichnet sie folgende Szene. Immer wieder hätten ihr Sozialarbeiter und Lehrer eingebleut, sie sei ein Mädchen, schwarz, arm und sowieso chancenlos. Zunehmend bekam sie das Gefühl, dass es dabei mehr um die Bestätigung einer vorgefassten Weltanschauung ging, als darum, ihr wirklich zu helfen. Ihre Empörung darüber ist nur allzu verständlich, wenn man das Endergebnis kennt. Es geht wesentlich darauf zurück, dass sie sich in ihrer persönlichen Initiative nicht mehr bremsen ließ.

11 Elder 2020.

Inklusion

INKLUSION ist ein großes Motto der Zeit: Menschen unterschiedlicher ethnischer, sozialer, religiöser oder weltanschaulicher Herkunft und Orientierung rücken näher zusammen. Ihre Zugehörigkeit zur Mehrheitsgesellschaft soll gestärkt werden und jeder einen anerkannten und gleichberechtigten Platz finden. Diversität ist das Stichwort: Vielfalt gilt als Bereicherung für alle. Die Rechte von Minderheiten werden besonders beachtet und ihrem Anliegen wird viel Aufmerksamkeit geschenkt. Spezielle Lebens- und Daseinsformen sollen an Besonderheit verlieren, etwa Behinderungen, Geschlechtsidentitäten und sexuelle Präferenzen. Anerkennung wird zur gesellschaftlichen Leitlinie, bei gesteigerten Sensibilitäten für Ungerechtigkeiten und Diskriminierungen.

Kaum ein Thema hat politisch, wissenschaftlich und praktisch in den Jahren so viel Aufmerksamkeit erregt wie die schulische Inklusion, mit heftigen Kontroversen, die bis heute fortwähren. Anlass und Ausgangspunkt ist die von Deutschland ratifizierte und 2009 in Kraft getretene UN-Behindertenrechtskonvention (BRK).[1] Zu ihren wichtigsten

1 UN-Behindertenrechtskonvention über die Rechte von Menschen mit Behinderungen 2008.

Zielen gehört es, dass Menschen mit Behinderung ein Bildungsrecht eingeräumt wird. In vielen Ländern der Welt ist das nicht der Fall, in Deutschland aber ausnahmslos gesichert. Weiterhin soll für ein möglichst hohes Maß an gesellschaftlicher Teilhabe und Partizipation gesorgt werden. Damit wird die Frage nach einer inklusiven Beschulung aufgeworfen, allerdings nicht zum ersten Mal. Bereits 1993 hatte sich die Kultusministerkonferenz, damals noch unter dem Begriff der Integration, für eine vermehrte gemeinsame Unterrichtung eingesetzt. Gleichwohl ist es mit der UN-Behindertenrechtskonvention zu einem bedeutenden Schub gekommen, erneut über das Bestehende nachzudenken. Mit dem Ziel, dass sich Menschen mit Behinderung freier entfalten können und stärker vor Diskriminierung geschützt werden.

Zu den vielen Unklarheiten gehört, dass bis heute keine allgemein anerkannte Definition von Inklusion existiert. Die Vorstellungen darüber, was unter Inklusion verstanden werden soll, gehen weit auseinander. Unter anderem deshalb, weil sich dieser Begriff in der UN-Behindertenrechtskonvention nur selten findet. Dennoch wird er öffentlichkeitswirksam in einer bestimmten Weise ausgelegt und der Anschein erweckt, diese Interpretation sei alternativlos. Der Inklusionsgedanke schreibt demnach eine unbedingte Verpflichtung zu einer gemeinsamen Unterrichtung vor, eine Einheitsschule, die keine Ausnahmen kennt und die Auflösung spezieller Schulen und Klassen voraussetzt. Der soziale Ort wird zu dem entscheidenden Thema. Als Begründung dienen die Menschenrechte (»Inklusion als Menschenrecht«), auch mit dem Ziel, sich dadurch unangreifbar zu machen. Der Behinderungsbegriff selbst wird dabei in Frage gestellt ebenso wie das Leistungsprinzip in seiner jetzigen Form. Nicht mehr die Leistungserwartungen der Gesellschaft, wie sie sich in Bildungsstandards niederschlagen, sollen der zentrale Bezugspunkt sein, sondern die Fortschritte des einzelnen Kindes – gemessen an sich selbst.

Ein anderes, ein moderates Inklusionsverständnis fällt demgegenüber bedachter und realitätsgerechter aus. Es plädiert ebenfalls für mehr schulische Gemeinsamkeit, will weniger Sonderschulen, hält spezielle Schulen aber prinzipiell für unverzichtbar, so dass Wahlmöglichkeiten bestehen. Der Behinderungsbegriff und spezielle Förderkategorien sollen erhalten bleiben, damit eine gezielte, auf das einzelne Kind abgestimmte Förderung erfolgen kann. Bildungsstandards werden als unumgängliche kulturelle Notwendigkeit anerkannt.

Unter dem Aspekt des Kindeswohls kann dann entschieden werden, welcher Weg der jeweils richtige ist. Häufig wird es die gemeinsame Beschulung sein, bei weitem aber nicht immer. Verschiedene Gesichtspunkte müssen in einem Spannungsfeld gegeneinander abgewogen werden. Sie betreffen die kognitive, emotionale und soziale Entwicklung und nicht zuletzt die Frage, wo und unter welchen Bedingungen eine behinderungsspezifische Förderung auf höchstmöglichem Niveau erfolgen kann. Alle bisherigen Erfahrungen zeigen, dass kein System für alle Schüler eine optimale Lösung bietet. Mit einer formalen Zugehörigkeit zu einer inklusiven Klasse ist wenig geholfen. Sie sagt nichts darüber aus, ob ein Schüler seinen Talenten gemäß am besten lernt, ob er in die Gruppe aufgenommen wird und ihm eine innere Anbindung gelingt. Bei ungünstigem Verlauf kommt es zu einer »exkludierenden Inklusion«, die Stichweh[2] der »inkludierende[n] Exklusion der Sonderschulen« gegenüberstellt.

Damit ist die empirische Forschung aufgerufen. Jede Art der Beschulung muss sich nach ihren Erfolgen fragen lassen. Auch die inklusive Beschulung. Davor können keine hehren Ideale schützen, keine moralischen Postulate, keine Anrufung der Menschenrechte. Der monoton vorgetragenen Behauptung, die Überlegenheit der gemeinsamen Beschulung sei längst bewiesen, widerspricht der wissenschaftliche Erkenntnisstand. Die Forschungslage ist alles andere als eindeutig: Zwar findet sich eine Fülle von Ergebnissen, die die Vorteile einer gemeinsamen Beschulung bestätigen. Aber eben auch solche, die das Gegenteil belegen. Vor allem neue amerikanische Untersuchungen verweisen auf die

2 Stichweh 2013, S. 6.

Grenzen der inklusiven Beschulung, selbst wenn günstige äußere Bedingungen vorliegen. Besondere Probleme ergeben sich bei der Inklusion von Schülerinnen und Schülern mit schweren Verhaltensstörungen. Weltweit existieren keine überzeugenden Modelle für eine durchgängige gemeinsame Beschulung. Dennoch haben sich einige Bundesländer dafür entschieden, alle speziellen Schulen für diese Personengruppe aufzulösen. Mit einer steigenden Inanspruchnahme psychiatrischer Einrichtungen kann gerechnet werden.

Der Kampf um eine totale Inklusion (»full inclusion«) wird deshalb so heftig geführt, weil er in ein größeres Programm eingebettet ist. Das Ziel ist eine grundsätzliche Gesellschaftsveränderung. Die Schule soll ihr Vorläufer sein. Dazu werden große Worte bemüht. Die Inklusion stelle den Olymp der historischen Entwicklung dar, so ist aus inklusionspädagogischem Mund zu hören. Sie ermögliche den Eintritt in eine fundamental veränderte Welt: »Die BRK [Behindertenrechtskonvention] muss als ein Meilenstein erkannt werden, der zugleich Grenzstein ist zum Übergang in eine neue Welt, die gänzlich verschieden ist von dem, was aus der Vergangenheit kommt«, wie der Sonderpädagogikprofessor Dreher[3] vollmundig bekanntgibt. Damit die

3 Dreher 2012, S. 30.

Gesellschaft inklusiv werden kann, soll ihre gesamte Architektur auf den Prüfstand gestellt werden.

Wer dagegen kritische Überlegungen formuliert, gerät schnell in den Verdacht, den inklusiven Gesamtentwurf zu schädigen. Zweifel an einer totalen Inklusion werden leicht als grundlegende Abwendung von der Inklusionsidee gedeutet, als eine Abkehr von Gerechtigkeit, Chancengleichheit und humanem Miteinander.

Einiges Aufsehen hat Dagmar Hänsel erregt, eine ehemalige Professorin der Schulpädagogik, die eine extreme Position vertritt, aber selten auf entschiedenen Widerspruch trifft. Sie behauptet, das »deutsche Sonderschulsystem [sei] durch die Erfahrungen mit den Verbrechen der NS-Zeit zutiefst geprägt«.[4] Bis auf den heutigen Tag nähre es sich substantiell aus dieser Zeit. Die Sonderpädagogik setze ihr ideelles Erbe fast ungebrochen fort. Dementsprechend vernichtend fällt das Urteil über die heutige Sonderpädagogik aus. Spezielle Einrichtungen, Sonderschulen und Sonderklassen gelten als destruktive Orte, die nichts als Schaden erzeugen. Sie würden Kinder mit Behinderung auf eine zutiefst inhumane Weise von anderen separieren, in ein Ghetto des Besonderen zwingen und dadurch Entwicklungspotentiale zerstören. In Zweifel gezogen wird zudem, ob die Sonderpädagogik überhaupt einen substantiellen Förderbeitrag leistet.

4 Hänsel 2006, Deckeltext.

Denn bereits ihre Existenz sei problematisch, ihr fachspezifischer Blick ausschließlich defizitorientiert, etikettierend und beschämend. Für Hänsel ist Sonderpädagogik per se bedrohlich, wo immer sie auftritt, in Sonderschulen und bei gemeinsamer Beschulung. In der Inklusion weite sie ihren Einfluss noch aus, das mache sie umso gefährlicher. Sie erreiche jetzt noch mehr Kinder, unterwerfe sie ihrer Logik und dringe in die allgemeine Pädagogik ein, die sich ihrer nicht erwehren kann. Einer wahrhaften Inklusion stehe sie im Weg.

Diese könne es nur geben, wenn das gegliederte Schulsystem, dem beängstigende Eigenschaften attestiert werden, überwunden ist. Theresia Degener[5], die bei den Vereinten Nationen eine hohe Position bekleidete, lässt keinen Zweifel daran, für wie inhuman sie das gesamte deutsche Schulwesen hält. Es repräsentiere »eines der weltweit segregierendsten, [ein] an Apartheid grenzendes Aussonderungssystem«. Der Apartheidsbegriff wird auch an anderer Stelle öffentlichkeitswirksam bemüht, von Wissenschaftlern, Gewerkschaftsvertretern und Feuilletonisten, die von der sozialdarwinistischen Härte des differenzierten Schulsystems überzeugt sind.

Mit hohem moralischem Impetus werden hier Positionen vertreten, die zwar auf einen Abgleich mit der Realität verzichten, sich dafür aber umso überzeugter als ausschließlich gut, aufgeklärt und

5 Degener 2018, S. 7.

human präsentieren. Anklage und Richteramt fallen zusammen: Sie verkünden, was wahr und gerecht ist, ohne Zwischentöne und Schattierungen. Den Angeklagten und Verurteilten wird nicht nur der gute Wille, sondern auch pauschal die Urteilsfähigkeit abgesprochen. Hänsel unterstellt der Sonderpädagogik als Berufsstand und Wissenschaftsdisziplin, sie sei weder an der Aufklärung ihrer Geschichte interessiert noch moralisch dazu in der Lage. Dass es in den letzten Jahrzehnten ein intensives und erfolgreiches Ringen um eine Vergangenheitsbewältigung gab, wird leichtfertig vom Tisch gewischt.

Formeln wie »Es ist normal, verschieden zu sein«, »Wir sind alle behindert« oder »Geistig Behinderte gibt es nicht« sind von guten Absichten getragen. Sie wollen soziale Distanzen reduzieren, Vorurteile abbauen und Diskriminierungen entgegenwirken. Und sie treffen einen sensiblen Punkt: Es ist nur allzu verständlich, wenn niemand nur unter dem Aspekt seiner Behinderung gesehen werden möchte. Insofern können sie sich einer breiten Unterstützung sicher sein.

Ein radikales Inklusionsbegehren nutzt sie jedoch, um die eigene Agenda zu unterfüttern. Ihr fataler Inhalt: Es soll überhaupt nicht mehr zwischen »behindert« und »nicht-behindert« unterschieden und der Behinderungsbegriff eliminiert werden. Behinderung wird dann zu einer Heterogenitätsdimension unter vielen anderen. Sie tritt

»nur noch als Aspekt einer unendlichen menschlichen Vielfalt in Erscheinung und verblasst in dieser; sie löst sich sozusagen in der ›Normalität der Verschiedenheit‹ auf«.[6]

Damit gerät eine Förderung unter Generalverdacht, die spezielle Behinderungen als solche benennt. Beschämend und erniedrigend sei es, wenn Kinder im »sonderpädagogischen Förderbedarf« als geistig oder körperlich behindert bezeichnet werden, als sinnesgeschädigt gelten oder ihnen besondere Probleme im Lernen, in der sprachlichen oder der emotional-sozialen Entwicklung testiert werden. Die Ablehnung eines einschlägigen Fachvokabulars fällt mitunter noch sehr viel heftiger aus. Der sonderpädagogische Förderbedarf bediene sich, wie führende Inklusionspädagogen behaupten, einer sexistischen und rassistischen Sprache. Oder auch: Behinderungskategorien stellten eine menschenrechtswidrige Entwürdigung dar. Allein der Umstand, dass Differenzen beschrieben werden, gilt als ein moralisch verwerflicher Akt.

Dabei drängt sich die Frage auf, wie sich ein solches Benennungs- und Diagnoseverbot auf die betroffenen Kinder auswirkt. Sie selbst wissen um ihren Zustand. Es entgeht ihnen nicht, wenn sie körperlich schwer beeinträchtigt sind, nicht hören oder sehen können, auffällig langsam lernen oder unter den Folgen starker psychischer Probleme lei-

6 Singer 2015, S. 61.

den. Sie werden bemerken, wie sehr sich andere drehen und wenden, geradezu verbiegen, nur damit ein offensichtlicher Unterschied nicht zutage tritt. Wie mag sich jemand fühlen, der spürt, dass seine Behinderung anderen Probleme bereitet, die sie möglichst vermeiden wollen? Wenn er einen wichtigen Teil seines Selbst verstecken soll und sich nicht so zeigen darf, wie er ist. Muss er sich dann nicht zwangsläufig als störend und gefährlich erleben?

Die Wirklichkeit lässt sich nicht beliebig verleugnen und durch Begriffsentsorgung in ein neues Format pressen. Auch versagen Neuschöpfungen, die dem Konstrukt des unterscheidungslosen Menschen verpflichtet sind. Ihre Hilflosigkeit zeigt sich zum Beispiel dann, wenn psychisch schwer belastete Kinder und Jugendliche als »verhaltensoriginell« umbenannt und Kindern mit kognitiven Einschränkungen »besondere Begabungen« bescheinigt werden. Behinderte mutieren zu »Menschen mit besonderen Bedürfnissen«. Das Andere, das Fremde soll durch Differenznivellierung unsichtbar gemacht und gebändigt werden.

Wenn Behinderung im Alltäglichen verschwinden und sich in Vielfalt auflösen soll, entsteht eine postmoderne »Namenlosigkeit«, »die *Aufhebung* sämtlicher Regeln und Normalitätsvorstellungen. Der Mensch mit Behinderungen ist unter diesen Bedingungen gar nicht mehr von Menschen ohne Behinderungen unterscheidbar, weil es für diese

Unterscheidung schlicht keine Kriterien mehr gibt, und wenn es sie gäbe, sie dem Unterdrückungs- und Rassismusverdikt unterworfen werden müssten.«[7]

Dann ist jeder behindert oder eben auch nicht. Alle sind gleich oder verschieden, in bedeutungsloser Weise, gleich fremd oder gleich vertraut – wie auch immer. Das belegt, auf welch tönernen Füßen das Versprechen steht, ein solches Inklusionsverständnis sichere die Individualität behinderter Kinder in einem bisher unbekannten Maße. In Wirklichkeit ist eine Vernachlässigung des Individuums zu beklagen, wenn nicht gar ein »Verschwinden der Menschen« in der Inklusion, das Markus Dederich[8] befürchtet.

Kaum noch in Erinnerung ist die Krüppelbewegung der 1970er Jahre. Franz Christoph,[9] einer ihrer Wortführer, hatte sich entschieden dagegen gewehrt, dass behinderte Menschen im Namen einer weit gesteckten Normalität vereinnahmt werden. Es ging ihm ausdrücklich nicht um Integration, sondern darum, dass Behinderte in ihrem Eigenwillen, ihrer Sperrigkeit und ihrer Widerständigkeit in Erscheinung treten, mit dem Unverständlichen und Unverstehbaren, mitunter auch Anstößigen, das sie verkörpern können. Eine wohlfeile Toleranz, der warme Händedruck einer überaus wohlwollen-

---

7 Brodkorb 2014, S. 442; kursiv im Original.
8 Dederich 2013.
9 Christoph 1983.

den Gesellschaft, die sich mit ihm verbrüdern will, war ihm ein Greuel – und damit auch ihr differenzverleugnendes Inklusionsangebot.

Vor einem weiteren Problem steht ein totales Inklusionsbemühen, wenn die Leistungsdimension aufgerufen wird. Leistungsunterschiede zwischen Schülerinnen und Schülern sind in jedem Schulsystem unübersehbar. Sie treten umso deutlicher hervor, je heterogener die Klassen sind, je älter die Kinder werden und je erfolgreicher unterrichtet wird. Bei gemeinsamer Beschulung soll dieses Phänomen durch eine hochgradige Individualisierung des Unterrichts abgedämpft werden, die sich auf die jeweiligen Lernvoraussetzungen bezieht und auf ganz verschiedenen Leistungsniveaus erfolgt. An der unterschiedlichen Leistungsfähigkeit der Schüler ändert sich dadurch jedoch nichts. Die Kinder bemerken sie und Schulnoten dokumentieren sie.

Ein Kind, das sich bemüht und sein Leistungspotential ausschöpft, hat Anerkennung verdient, aber nicht das gleiche Lob wie derjenige, der sehr viel mehr leistet.[10] Besondere Leistungen, die zu Beifall herausfordern, setzen Vergleiche voraus. Um dieses Spannungsfeld aufzulösen oder damit es zumindest weitgehend an Bedeutung verliert, wird das

---

10 Auch wenn der Zahnarzt, der ständig daneben bohrt, sich anstrengt und ein netter Mensch ist, Lob hat er dafür nicht verdient. Gleiches gilt für einen Fußballtorwart, der jeden Ball durchlässt, den Politiker, der ständig Fehlentscheidungen trifft, den Manager, der eine Firma ruiniert.

klassische Benotungssystem aus inklusionspädagogischer Perspektive in Frage gestellt. Vergleichende Bewertungen sollen zurücktreten und persönliche Lernfortschritte zur entscheidenden Beurteilungsgröße werden. Dann müsse sich niemand zurückgesetzt fühlen und dadurch gekränkt werden, dass andere etwas besser können. Mit einem inklusiven und humanen Schulsystem sei eine vergleichende Leistungsbewertung nur schwerlich vereinbar, davon ist Annedore Prengel, eine Ikone der Inklusionsbewegung, fest überzeugt. In ihrer Expertise »Inklusive Bildung in der Primarstufe«, die sie für den Grundschulverband erstellt hat, heißt es: »Das Prinzip der grundlegenden humanen Anerkennung setzt das Konstrukt des ›schlechten Schülers‹ im Bildungswesen außer Kraft« und lässt »damit eine Quelle von Diskriminierung und gruppenbezogener Menschenfeindlichkeit versiegen«.[11]

Damit die Leistungsschwächeren nicht mehr als solche erscheinen, soll also auch die Kategorie des guten Schülers getilgt werden – anders lässt sich diese Aussage nicht verstehen. Das Problem ist nur, dass die allermeisten Kinder genau das sein wollen, gute Schüler nämlich. Ihnen wird eine wichtige Orientierungsmöglichkeit genommen und zugleich ein Konkurrenzverbot nahegelegt, das sie persönlich einschränkt. Einen Teil ihrer Wünsche dürfen sie nicht mehr offen zeigen.

---

11 Prengel 2013, S. 5; S. 53.

Darüber hinaus werden genuine gesellschaftliche Erwartungen, die sich an die Schule richten, zurückgewiesen. Neben der Verpflichtung, Bildungsstandards einzuhalten und zur Enkulturation beizutragen, gehört die Allokationsfunktion zu ihren wichtigsten Aufgaben. Die Schule vergibt aufgrund der erbrachten Leistungen unterschiedliche Abschlüsse, die bestimmte Entwicklungswege eröffnen und andere ausschließen. Von dieser Aufgabe darf sie sich nicht suspendieren. »[W]enn der Schule im Rahmen einer radikalen Inklusion die Möglichkeit der herkömmlichen Benotung und Zeugnisvergabe genommen wird«, hat das gravierende Konsequenzen. »Die dann eintretende Folge ist keine Kleinigkeit, sondern die Zerstörung einer der wichtigsten gesellschaftlich-reproduktiven Funktionen, über die Schule in unserer demokratischen Gesellschaft von heute verfügt.«[12]

Das Bildungswesen sollte weiterhin darüber entscheiden, welche Perspektiven und Chancen der einzelne zukünftig hat. Nach Leistung, nicht nach Stand, Geschlecht und Herkunft. Für Kinder, die aus weniger privilegierten Verhältnissen stammen, liegt darin ein einzigartiges Emanzipationsmittel, das ihnen aus Gerechtigkeitsgründen nicht genommen werden darf. Leistungsfähigkeit und Anstrengungsbereitschaft, das ist alles, was sie in die Waagschale werfen können. Andere Möglichkeiten

12 Brodkorb 2012, S. 26.

stehen ihnen nicht zur Verfügung. Soziale Beziehungen, schichtspezifische Fürsprache oder Finanzkraft gewinnen aber umso mehr an Gewicht, je stärker die Leistungsdimension ausgeklammert wird. Auch das spricht dafür, dass sich die Inklusionsidee nur in einer moderaten Form verantworten und im Sinne des Kindeswohls umsetzen lässt.

Sexualpädagogik

FRÜHER war manches einfacher. Bei der ersten Frauenbewegung im 19. Jahrhundert und der späteren nach 1960 ließ sich noch klar abstecken, worum es ging. Die Rechte von Frauen sollten gestärkt, ihre teils auch juristisch fixierte Abhängigkeit von Männern aufgelöst und ihre Entfaltungsmöglichkeiten erweitert werden, auch in der Berufswahl und in ihren Karrieremöglichkeiten. Die Fronten waren eindeutig: Frauen stritten für Gleichberechtigung, Männer sollten ihre Privilegien abgeben. Die Entdiskriminierung gleichgeschlechtlicher Liebe war ebenfalls ein Thema. Nicht nur für Frauen, sondern auch für Männer, die unter dem Verbotsparagraphen 175 zu leiden hatten. Er wurde erst 1994 endgültig aufgehoben. Gleichwohl: Es ging um Frauen und Männer (wie in Gomringers Gedicht), Frauen und Frauen, Männer und Männer.

Der Genderbegriff ist Mitte der 1970er Jahre von John Money und Gayle Rubin[1] eingeführt worden, um zwei Seiten des Geschlechtlichen herauszustellen, die körperliche (»sex«) und die kulturell-soziale (»gender«). Damit sollte einem (unterstellten) Automatismus begegnet werden, der Unterschiede zwischen den Geschlechtern – im

---

1 Henry-Huthmacher 2018, S. 3.

Sinne einer Naturalisierung – biologisch begründet. Der Begriff der sozialen Konstruktion nimmt in den Gender-Studien eine Schlüsselrolle ein. Geschlechterrollen, Geschlechtsidentitäten und Geschlechterverhältnisse sollen durch Machtstrukturen und Deutungshoheiten produziert werden und dementsprechend veränderbar sein. Gemeint sind damit äußere Zuschreibungen und Verhaltensdirektiven sowie innere Konstruktionen, die sich im Laufe des Lebens ausgebildet haben.

Als wissenschaftliche Disziplin ist die Gender-Forschung inzwischen an Universitäten und Fachhochschulen mit mehr als 200 Lehrstühlen fest verankert. Wissenschaftliche Erkenntnissuche und parteiliche Stellungnahmen sind dabei ungewöhnlich eng miteinander verknüpft. Das zeichnet die Gender-Forschung als Disziplin aus und verleiht ihr eine Sonderstellung. Auf gesellschaftliche Prozesse soll kraftvoll und entschieden eingewirkt werden, was überaus erfolgreich geschieht. Gender ist zu einer wichtigen Leitlinie europäischer und nationaler Politik geworden, wobei der Begriff uneinheitlich verwendet wird und mitunter im Dunkeln bleibt, was damit eigentlich gemeint ist. Mit der Ehe für homosexuelle Paare und dem Eintrag eines dritten Geschlechts in das Geburtsregister sind in Deutschland 2017 und 2018 bedeutende Veränderungen vorgenommen worden.

Als zentrale Referenzfigur der Genderbewegung gilt Judith Butler, die mit ihren Schriften weltweit

Aufmerksamkeit errang, indem sie den Begriff des Geschlechts im Sozialen und später auch im Biologischen »dekonstruiert« hat. Demnach gibt es kein Geschlecht, auch keinen festen Gender-Kern, sondern nur etwas Flüssiges, das immer wieder neu hergestellt wird – im Dialog mit sich selbst und im Abgleich mit anderen. »Doing gender« (Carol Hagemann-White) ist dazu das entscheidende Stichwort. Daraus folgt, dass sich Geschlecht in einer Vielfalt konstruieren lässt, der keine prinzipiellen Grenzen gesetzt sind. Es kann so viele Geschlechter geben, wie es der radikale Konstruktivismus zulässt. Die Zahlen, die dazu im Umlauf sind, variieren beträchtlich, es können 30, 40 oder 50 sein, sehr viel mehr oder auch weniger.

Der Konstruktionsgedanke hat sich inzwischen auf das Biologische ausgeweitet. Auch das biologische Geschlecht werde normativ erzeugt, so heißt es, durch aufgezwungene Denk- und Sprachmuster, die dazu führen, dass sich jemand als Mann oder Frau definiert. Die biologische Seite des Menschen hat damit ihr Existenzrecht verloren. Butler[2] spricht von »medizinischen Fiktionen, die zur Kennzeichnung eines eindeutigen Geschlechts entworfen wurden«. Fiktionen verweisen auf etwas, das nicht wirklich existiert, auf etwas Erdachtes oder Fantasiertes. Oder sie bezeichnen, philosophisch be-

2 Butler 1991, S. 11.

trachtet, eine bewusst eingesetzte Annahme, die eine Problemlösung vortäuschen soll.

Damit geht eine radikale Befreiungsvision einher. Wenn die dominierenden Macht- und Herrschaftsverhältnisse erst abgeschafft sind, soll ein neues Leben beginnen können, das freier ist als jemals zuvor – mit immensen persönlichen Gestaltungsmöglichkeiten. Dazu müsse die »heterosexuelle Matrix« angegriffen und der Zwang zur Heteronormativität überwunden werden. Butler ruft deshalb dazu auf, »eine Geschlechterverwirrung anzustiften«, um die »naturalisierten Erzählungen der Zwangsheterosexualität ihrer zentralen Protagonisten: ›Mann‹ und ›Frau‹ zu berauben«.[3] Zwangsheterosexualität: Dieser Begriff signalisiert, aus welcher Richtung der Wind weht. Alles, was außerhalb des Heterosexuellen liegt, befindet sich in einer befreiten Zone. Die alternativen Sexualitäten sollen in der LGBTQ*-Bewegung einen gemeinsamen Ort finden, wobei in letzter Zeit auch die sexuell Inaktiven dieser Gruppe zugeordnet werden.

Psychologisch ist unklar, aus welchen persönlichen Kräften sich eine solche Selbstkonstruktion nähren soll. Auf welche inneren Kräfte kann sie sich beziehen? Auf einen wahren Kern des Selbst, der sich am besten entfalten kann, wenn ihn niemand von außen stört? Davon hatte schon Rousseau geträumt, der Kinder möglichst lange vor einschrän-

---

3 Butler 1991, S. 61; S. 215.

kenden Einflüssen der Umwelt und Erziehung bewahren wollte. Der Traum von einem freizulegenden wahren Selbst, einem ursprünglichen goldenen Kern, der nur entdeckt werden müsse, währt über die Generationen fort, in unterschiedlichen Ausformungen und Schattierungen. Er bezieht sich nicht nur auf Kinder, sondern auch auf Erwachsene. Auch für sie sei ein Neubeginn möglich, der sich auf das eigene Innere bezieht, fernab störender gesellschaftlicher Einflüsse. Wiederum stellt sich die Frage, worauf diese Innerlichkeit eigentlich beruhen soll.

Von der Dekonstruktionsidee kann dazu keine Klärung erwartet werden. Dem »Linguistic Turn« der Geschlechterforschung folgend, wird rein begriffs- und sprachanalytisch argumentiert. Es geht um Diskurse, Codes und Semantik und darum, wie sie sich verändern lassen. Im Mittelpunkt steht die Überzeugung, dass die Wirklichkeit durch Sprache erschaffen wird und das Geschlecht ein sprachlicher Diskurseffekt ist. Alles andere wird ausgespart, es ist systemimmanent nicht vorgesehen. Die »Grundlagen moderner Subjektphilosophie (werden damit) aus den Angeln« gehoben.[4] Entwicklungspsychologische, erziehungswissenschaftliche und sozialisationstheoretische Erkenntnisse bleiben ohne Bedeutung. Ein solcher Dekonstruktivismus bietet deshalb keine Orientierungs- und Haltepunkte, er

---

4 Dammer 2015, S. 11.

verharrt in seiner eigenen Welt, die von der Empirie des Lebens separiert ist.

Auf die kindliche Entwicklung bezogen führt diese Leitidee dazu, dass Kinder in einer narzisstischen Position gestärkt werden, die sie glauben lässt, sie könnten die Welt allein aus sich heraus gestalten. Dadurch werden sie auf eine infantile Position fixiert. Sie bleiben auf sich selbst gestellt, sich selbst überlassen und geraten in eine Sackgasse. Der Realität kann nicht ewig ausgewichen werden, kein noch so starker Glaube an die Kräfte des radikalen Konstruktivismus vermag sie davor zu schützen. Kinder müssen sich mit sich selbst und den Gesetzen der Umwelt auseinandersetzen, den Grenzen des eigenen Narzissmus, der vorgegebenen Körperlichkeit, dem ödipalen Komplex. Psychische Realitäten können nicht außer Kraft gesetzt werden. Die Schöpfung lässt sich nicht durch die eigenen Gedanken steuern. Die Menschen sind anders, als es sich einige Theoretiker wünschen. »... der von aller Zugehörigkeit unberührte Mensch, aller Vergangenheit ledig, befreit von aller Partikularität, der unabhängige Mensch ohne Schulden, Verpflichtungen und fortzuführendes Erbe, der Mensch als Stifter seiner Handlungen und Stifter seines Lebens – diesen Menschen gibt es nicht, er muss erst erschaffen werden.« (Finkielkraut).[5]

---

5 nach Flaig 2017, S. 270.

Mit dem Selbstkonstruktionstheorem geht eine ausgesprochene Geringschätzung von Erziehung und Sozialisation einher, eine Missachtung von Erfahrung und Tradition. Übersehen wird, wie sehr Kinder auf gewachsene Strukturen angewiesen sind, die ihnen Halt und Sicherheit vermitteln. Weitergegeben wird, was die ältere Generation als wertvoll erlebt und sich oft mühsam erkämpft hat. Kulturelle Errungenschaften, ein über Generationen angesammeltes Wissen, demokratische Haltungen, gesittete Verkehrsformen. Der Gewinn, den die Heranwachsenden daraus ziehen können, ist immens. Es sei hier nur ein Beispiel herausgegriffen, die Erfolge der Frauenbewegung. Sie hat dazu geführt, dass sich die Lebensbedingungen von Frauen nachhaltig verbessert haben und sie freier als zuvor leben können. Die nachfolgende Generation profitiert ganz erheblich davon.

Gleichwohl ist die Erziehung ein konflikthaftes Geschehen mit ungewissem Ausgang. Die besten Absichten können fehlschlagen. Spannungen, Missverständnisse und Enttäuschungen sind unvermeidlich. Das gilt auch für die Themen, die sich um die Sexualität, die sexuelle Ausrichtung und die Geschlechtsidentität drehen. Die grundlegende Bedeutung von Erziehung darf aber nicht in Frage gestellt werden. Sie repräsentiert eine kulturelle Notwendigkeit, eine anthropologische Konstante, die sich unterschiedlich gestalten, aber nicht grundsätzlich aufheben lässt. Die ältere Generation ist für die jüngere verantwortlich, die Eltern sind es für ihre Kinder.

Diese Verantwortlichkeit wird durch verschiedene neuere Entwicklungen geschwächt. In der (vor)schulischen Sexualerziehung ist die »Sexualpädagogik der Vielfalt«, die sich als (neo-)emanzipatorisch bezeichnet, zu einer dominierenden Kraft geworden. Sie geht auf Helmut Kentler zurück, der über Jahrzehnte als bedeutender Sexualaufklärer galt, mit zahlreichen Buchpublikationen, auflagenstarken Kinderbüchern und einflussreichen wissenschaftlichen Ämtern. Kentler hält die kindliche Sexualität, die früh geweckt und unterstützt werden solle, für einen entwicklungspsychologisch entscheidenden Faktor. Kinder müssten zu aktivem Handeln angeregt und aufgefordert werden. Erst dadurch könnten sie sich frei entfalten und zu ausgeglichenen Persönlichkeiten reifen, ein reines Begleiten reiche nicht aus. Mit der Überwindung einer repressiven Sexualmoral werde zugleich, ganz im Denken der 1968er, ein wichtiger Beitrag zu einer grundlegenden gesellschaftlichen Veränderung geleistet.

Seit 1969 hat Kentler in einer Berliner Modelleinrichtung psychisch belastete und sozial auffällige 13- bis 15jährige Jungen bei Pädophilen untergebracht, in der Erwartung, sie würden dort resozialisiert und persönlich besonders gut gefördert. Kentler wusste genau, dass es zu sexuellen Kontakten kommen würde. Das war sogar, wie er später öffentlich einräumte, eine Bedingung für das Betreuungsverhältnis. Dass sich in der überwiegenden Mehrheit der Fälle »päderastische Verhältnisse sehr positiv auf die Persönlichkeitsentwicklung eines Jungen auswirken können«, davon war Kentler fest überzeugt. Später würden sie »im allgemeinen sehr gute, partnerschaftlich orientierte und außerordentlich treue Ehemänner werden und Väter, die sich um ihre Kinder intensiv kümmern«.[6] Dem sexuellen Missbrauch wird also eine heilende Wirkung attestiert. An dem vollen Erfolg dieses Experiments hatte Kentler nie Zweifel.[7] Die Opfer sehen das anders, sie leiden bis heute an den Folgen.

Bemerkenswert ist, wie sehr Kentlers Weggefährten und Nachfolger ihrem großen Vorbild die Treue halten. Ihnen sollte nicht unterstellt werden, dass sie das Kentler-Experiment noch heute rechtfertigen, das wäre sicher ein unangemessener Vorwurf. Gleichwohl fällt auf, dass sein Werk posthum in den höchsten Tönen und ohne kritische Distanz gelobt wird. Wie kaum ein anderer sei er der Sexualaufklärung verpflichtet gewesen, in wahrhaft humanistischer Absicht, ohne sich jemals dem Zeitgeist anzupassen, ein wissenschaftliches Vorbild ohne Einschränkung. Die Sexualpädagogin Elisabeth Tuider beharrte noch 2014 darauf, dass

---

6 Institut für Demokratieforschung 2016, S. 91; S. 44.

7 Wikipedia: Helmut Kentler.

in diesem sensiblen Feld eine strikte Trennung zwischen wissenschaftlicher Tätigkeit und privaten Haltungen möglich sei. In ihrem Nachruf würdigt sie ausschließlich Kentlers akademisches Werk und erwähnt die pädophilen Taten mit keinem Wort.[8]

Ziel der Sexualpädagogik sollte es sein, dass Kinder über sexuelle Fragen aufgeklärt werden, auch solche, die sie im Elternhaus nicht stellen mögen, etwas über unterschiedliche Sexualitäten und Lebensformen erfahren und lernen, tolerant mit ihnen umzugehen. Seltene Sexualitätsformen müssen, das gehört zwingend dazu, vor Entwertungen und Übergriffen geschützt werden. An diesen Punkten existiert ein weitreichender gesellschaftlicher Konsens.

Kritisch wird es dann, wenn sich ein einseitiges sexualpädagogisches Verständnis etabliert, das weit darüber hinaus reicht. Das ist inzwischen der Fall, darüber kommt es zu erheblichen Kontroversen. Die »Sexualpädagogik der Vielfalt«[9] will zu einer gendergerechten Erziehung beitragen, ihre Vertreterinnen und Vertreter wie Uwe Sielert, Stefan Timmermanns oder Elisabeth Tuider verstehen sich als pädagogische Avantgarde, die sich besonders der LGBTQ*-Bewegung öffnet. In die Materialien und Übungen, die darauf aufbauen, gehen spezielle Interessen mit besonderem Gewicht ein. Die Bil-

8 Greiner/Demling 2014.

9 Tuider et al. 2012.

dungsinitiative QUEERFORMAT hat gemeinsam mit dem Sozialpädagogischen Fortbildungsinstitut Berlin-Brandenburg eine Handreichung »Sexuelle und geschlechtliche Vielfalt als Themen frühkindlicher Inklusionspädagogik« erstellt, die von der Berliner Senatsverwaltung für Bildung, Jugend und Familie unterstützt und gefördert wird. Ergänzt durch einen Medienkoffer »Familien und vielfältige Lebensweisen«, der in Kindertagesstätten eingesetzt werden soll.

»In vielen Kitas gibt es einen Murat, der gern Prinzessin spielt, eine Alex, die bei lesbischen, schwulen und transgeschlechtlichen Eltern zu Hause ist, oder einen Ben, der nicht länger Sophie heißen möchte«, so heißt es paradigmatisch auf dem Deckblatt der Broschüre und im Einleitungstext.[10] Diese Themen sollen Kindern in der frühkindlichen Inklusion bevorzugt nahegebracht werden. Es sind Themen, von denen sie in aller Regel weit entfernt sind. Transgeschlechtliche Eltern kommen höchst selten vor, und Kinder, die ihr Geschlecht ändern möchten, ebenfalls. Auch die Frage nach homosexuellen Beziehungen dürfte in einem frühen Lebensalter nicht zu den primären Interessen gehören. Wie Kinder in ihnen fremde Schemata gepackt werden, zeigt sich auch an einschlägigen Bilderbüchern. Das Buch »Wo ist Karlas Papa?«

---

10 Sozialpädagogisches Fortbildungsinstitut Berlin-Brandenburg und Bildungsinitiative Queerformat 2018.

erzählt zum Beispiel die Geschichte der zweijährigen Karla, die von ihrer Mutter weiß, dass sie mit Hilfe eines Samenspenders zur Welt gekommen ist. Oder: »Wie Lotta geboren wurde«: »Lottas Papa heißt Tobias (...) und er möchte ein Kind. Und wie Lotta in seinem Bauch wachsen kann, ist gar nicht so kompliziert, wie manche Erwachsene denken. Dieses Bilderbuch thematisiert auf altersangemessene Weise transgeschlechtliche Elternschaft.« Altersangemessen?

Das einschlägige Standardwerk, die »Sexualpädagogik der Vielfalt«, enthält zahlreiche Materialien, die für den Schulunterricht gedacht sind. So sollen zum Beispiel Fünfzehnjährige einen »Puff für alle« bzw. ein »Freudenhaus der sexuellen Lebenslust« bis ins Detail hinein gestalten. Mit dem Ziel, dass sie dadurch für marginalisierte Lebensformen und unterschiedliche sexuelle Vorlieben sensibilisiert werden. Vierzehnjährige sollen diverse Gegenstände wie Dildos, Vaginalkugeln, Potenzmittel, Handschellen, erotische Geschichten, Aktfotos, Lack/Latex oder Leder den unterschiedlichsten Personengruppen eines Miethauses zuordnen, wobei heterosexuelle Paare mit Kindern interessanterweise nicht vorkommen. Das ist ein markantes Kennzeichen vieler Materialien. Die klassische Familie, mit und ohne Trauschein, findet vergleichsweise wenig Beachtung. Wie sehr es um eine Aktivierung sexuellen Verhaltens geht, wird deutlich, wenn dreizehnjährige Schülerinnen und Schüler dazu aufgefordert werden, Praktiken wie Analsex als Theaterstück darzustellen. Angestrebt wird damit keine Aufklärung, die aus gesicherter Distanz erfolgt, sondern eine aktive Vereinnahmung von Kindern. Ganz im Sinne Kentlers, der genau dafür plädierte.

Das ist nur ein weiteres Beispiel dafür, dass Kindern in einer Weise begegnet wird, die für sie überfordernd, irritierend und befremdlich ist. Ganz offensichtlich erfolgt hier eine Grenzverletzung. Intimitätsschranken werden überschritten. »Eine solche Pädagogik ist der Versuch, die Schamgrenzen von Kindern und Jugendlichen aufzubrechen«, so fasst Antje Schmelcher[11] vielfach geäußerte Bedenken zusammen. In der Übung »Gänsehaut« sollen sich leicht bekleidete Zehnjährige gegenseitig zur Körpererkundung im Beisein eines Übungsleiters massieren. Angesichts solcher Übungen ist es kein Wunder, dass auch bei denjenigen Zweifel aufgekommen sind, die mit der »Sexualpädagogik der Vielfalt« identifiziert waren.

Vieles erinnert an einen Markt, der unterschiedliche Waren zur Schau stellt. Verschiedene Sexualitäts- und Lebensformen werden angeboten, frei wählbar, wie aus einem Baukasten, der einen beliebigen Zugriff erlaubt. Die Dekonstruktionsidee leistet dabei Schützenhilfe. Jedem soll alles möglich sein. Judith Butlers Rede von der Heterosexualität

---

11 Schmelcher 2014, S. 3.

als Zwangsheterosexualität steht unwidersprochen im Raum und auch ihr dezidierter Wunsch, eine Geschlechterverwirrung herbeizuführen. Heterosexualität und die klassische Familie werden dadurch delegitimiert und in eine Randposition gedrängt, die einer besonderen Begründung bedarf. Damit gerät jene Lebensform in Verruf, die von der großen Bevölkerungsmehrheit als stimmig und für sich passend erlebt wird.

Längst geht es nicht mehr darum, dass sexuelle Minderheiten und unterschiedliche Lebensformen in ihrer Eigenheit geachtet und vor Entwertungen geschützt werden. Dieses Ziel ist in einer aufgeklärten Gesellschaft sowieso unumstritten, auch bei denjenigen, die sich kritisch von der »Sexualpädagogik der Vielfalt« abgrenzen. Mit der berechtigten Forderung nach umsichtiger Aufklärung hat diese Form der Sexualpädagogik allerdings kaum noch zu tun. Kinder und Jugendliche werden in eine bestimmte weltanschauliche Position gedrängt, die sich auf Antidiskriminierung beruft und sich in der Gewissheit moralischer Überlegenheit in Szene setzt. Nicht dass die Interessen von LGBTQ*-Gruppierungen beachtet werden, ist das Problem, sondern der Einfluss, den sie auf die sexualpädagogische Theoriebildung, auf Lehr- und Unterrichtsmaterialien und ihre praktische Umsetzung errungen haben.

Transgender

EINE problematische Entwicklung hat sich auch im Umgang mit der Genderdysphorie und Transitionswünschen eingestellt. Im letzten Jahrzehnt ist die Zahl der Kinder, die in ihrer Geschlechtsidentität irritiert sind, in vielen Ländern rasant angewachsen. Immer häufiger wird der Wunsch geäußert, das biologisch vorgegebene Geschlecht zu wechseln. Waren es früher vor allem Jungen, die danach strebten, so sind es heute zumeist Mädchen, die dem anderen Geschlecht angehören wollen. Dadurch ist auch die Schule vermehrt mit diesem Phänomen konfrontiert, oft mit einer auffälligen Häufung in einzelnen Klassen, in ländlichen Regionen ebenso wie in Großstädten.

Angesichts der immens gestiegenen Fallzahlen spricht wenig dafür, dass erst jetzt hervortritt, was auf breiter Ebene schon immer vorhanden war. Das ist, statistisch betrachtet, äußerst unwahrscheinlich. Zu den wichtigen Veränderungen gehört, dass das Gefühl, im falschen Körper zu stecken, nunmehr gehäuft in der Pubertät auftritt. Plötzlich. Ohne dass es zuvor irgendwelche Anzeichen dafür gab. Viele dieser Jugendlichen haben sich intensiv über soziale Medien mit Genderdysphorie und Transidentität beschäftigt. Sie beteiligen sich an Online-Chatgruppen, die ein Gefühl der Zugehörigkeit bieten und Anerkennung versprechen. Oder sie sind von Transgender-Aktivisten beeinflusst, die ihnen nahebringen, dass ein Geschlechtswechsel ihre Probleme endgültig lösen werde.

Die Gruppe der Jugendlichen mit Genderdysphorie ist heterogener geworden, und die gesellschaftlichen Rahmenbedingungen haben sich beträchtlich gewandelt. Ein Meilenstein dieser Entwicklung ist der Equality Act, der vom amerikanischen Repräsentantenhaus verabschiedet wurde und noch vom Senat bestätigt werden muss, damit er rechtskräftig wird. Dieses Gesetz ist juristisch hoch angesiedelt. Es versteht sich als Bürgerrechtsgesetz in der Tradition des bisher gültigen Civil Rights Act. Der Equality Act soll vor jeglicher Art von Diskriminierung schützen, auch hinsichtlich der sexuellen Orientierung und Gender-Identität. Da solche Diskriminierungen in einigen Bundesstaaten noch stark verbreitet sind, existiert hier ein dringender Handlungsbedarf.

Auch wenn das Antidiskriminierungsziel des Equality Acts grundsätzlich unterstützenswert ist, bleiben bedenkliche Folgen nicht aus. Bereits in einem jungen Lebensalter sollen Kinder frei über ihre Gender-Identität entscheiden können, sie selbst und niemand sonst. Also auch darüber, ob sie abweichend zum biologischen Geschlecht angesprochen werden, Hormone nehmen und sich operativ umwandeln lassen wollen. Das sei ihr elementares Recht, niemand dürfe es ihnen verwehren, sonst würden sie in unzumutbarer Weise diskriminiert. Das besagt das Gesetz in letzter Konsequenz.

Dem liegt ein Paradigmenwechsel zugrunde, der sich in Nordamerika, dem Vereinigten Königreich (UK), in Westeuropa sowie Australien und Neuseeland zunehmend ausgebreitet hat. Zur zentralen Leitlinie ist die Bestätigung der inneren Geschlechtsidentität geworden. Eine uneingeschränkte Selbstbestimmung gilt als Minderheitenrecht, das nicht verletzt werden dürfe, als Ausdruck einer sozialen Gerechtigkeit, die nicht mehr hinterfragbar sei. Alles andere soll dahinter zurücktreten. Eine komplexe medizinische, psychologische und soziale Problematik wird in den Hintergrund gedrängt, sie spielt allenfalls noch eine bescheidene Nebenrolle.

Im deutschen Bundestag wurde im Mai 2021 über die Neufassung eines Transsexuellengesetzes abgestimmt, wobei sich die Gesetzesvorlagen der FDP (»Entwurf eines Gesetzes zur Stärkung der geschlechtlichen Selbstbestimmung«) sowie der Grünen/Bündnis 90 (»Entwurf eines Gesetzes zur Aufhebung des Transsexuellengesetzes und Einführung des Selbstbestimmungsgesetzes«) nicht grundlegend voneinander unterschieden. Beide Anträge sahen vor, dass jeder Mensch seinen Geschlechtseintrag ändern kann, einmal jährlich, als reiner Sprechakt, ohne weitere Überprüfung. Zudem sollen Kinder nach Vollendung des 14. Lebensjahres selbst darüber entscheiden, ob sie Hormone einnehmen (Entwurf der Grünen) oder chirurgische Veränderungen (Entwurf der Grünen und FDP) erfolgen. Im Konfliktfall wird keine Zustimmung der Eltern mehr benötigt. Ihr Erziehungsrecht soll dann aufgehoben und an staatliche Stellen übergeben werden.

Die Entwürfe beider Parteien fanden zwar keine mehrheitliche Zustimmung, es ist jedoch davon auszugehen, dass sie zukünftig in veränderter Form erneut eingebracht werden. Dafür spricht, dass der dahinterstehende Fortschrittsglaube fortwährt und sich noch weiter ausbreitet. In Ländern wie Malta, Irland, Norwegen und Spanien hat er sich bereits juristisch durchgesetzt, in Schweden und Großbritannien nicht, aber auch dort steht er weiter auf der Tagesordnung.

In den USA werden geschlechtliche Umwandlungen öffentlich propagiert, fast sogar verherrlicht (»celebration«), in einer Weise, die hierzulande schwer nachvollziehbar ist. In den sozialen Medien finden sich eine Fülle von Anleitungen darüber, wie sich Transgenderwünsche möglichst früh erkennen lassen. Und Ermutigungen, genauer gesagt Aufforderungen dazu, einen solchen Weg einzuschlagen. Der Reality Show Star Jazz Jennings, bei dem bereits im Alter von vier Jahren eine Genderdysphorie diagnostiziert wurde, feierte in den sozialen Medien unter großer Anteilnahme eine »Penis-Farewell-Party«, voller Begeisterung und mit dem Hinweis, dies sei ein »lustiges« Ereignis.

Zudem hat sie ein Kinderbuch über ihre Transgender-Erfahrungen geschrieben,[1] in dem die Vorzüge der Geschlechtsumwandlungen gepriesen werden. Bedenken oder Relativierungen sucht man vergeblich, Hinweise auf eine gesundheitliche Problematik finden sich keine. Dass es sich dabei um eine nahezu submanische Verleugnung bestehender Probleme handelt, liegt auf der Hand, verpackt in sensationsheischende Inszenierungen.

Eine Besonderheit besteht beim Transgender-Thema insofern, als hier das ansonsten viel beschworene Selbstkonstruktionstheorem außer Kraft gesetzt wird. Statt dessen wird von unverrückbaren Fakten ausgegangen. Die Betroffenen wüssten sehr genau um ihren inneren Zustand. Was sie erleben, sei definitiv, es spiegele ihr wahres Selbst wider, das nicht hinterfragt werden darf. Wahrnehmungsverzerrungen und Abwehrprozesse stehen außerhalb des Kalküls. Daran lässt die Direktorin des »Center for Transyouth Health and Development«, das am renommierten Children's Hospital Los Angeles angesiedelt ist, keinen Zweifel: »talk about it when you're three, when you're 15, when you're 21, it's absurd, we really have to understand that people know their gender – they're not making a decision about their gender, they're making a decision about what to do with it if it doesn't match

1 Herthel/Jennings 2014.

their assigned sex at birth.« Aus der Praxis berichtet Olson-Kennedy: »People come in, they already know their gender (...) I think it's weird that a stranger would know your gender better than you. I just think that's odd.«[2] Das sei der Grund, weshalb allein die Betroffenen selbst darüber entscheiden sollen, ob hormonelle und chirurgische Eingriffe erfolgen. Beratung und Psychotherapie werden abgelehnt. Eine offene Entwicklung, eine Genderdysphorie mit ungewissen Ausgang, scheint es nicht zu geben. Jede anderslautende Empirie wird für bedeutungslos erklärt.

Die Vertreter einer solchen Transitionsidee, einer radikalen Affirmation, haben mittlerweile eine erhebliche Machtposition errungen. Durch die Verabschiedung des Equality-Acts werden sie weiter gestärkt. Ärzte könnten zukünftig gezwungen werden, Eingriffe an Minderjährigen vorzunehmen, auch wenn das mit ihrem ärztlichen Ethos und persönlichen Gewissen unvereinbar ist. Psychotherapeuten dürften in Probleme geraten, wenn sie den Transitionswillen eines Kindes nicht unterstützen, Lehrerinnen und Lehrer ebenso. In das schulische Curriculum könnten verpflichtend Materialien und Schriften eingehen, die für Transformationsideen werben, wie das von Jazz Jennings verfasste Buch.

In den Vereinigten Staaten kommt es seit längerem vor, dass Erziehungsberechtigte erheblich unter

---

2 nach Transgender Trend 2019.

Druck gesetzt werden, wenn sie dem Transitionswunsch ihres Kindes widersprechen. Ihnen wird vorgeworfen, sie würden die Entwicklung ihres Kindes gefährden, es eventuell sogar in den Selbstmord treiben. Oder sie strebten, wenn sie um psychotherapeutische Klärung bitten, in Wirklichkeit eine Konversionstherapie an, die Kinder und Jugendliche ihrer Freiheit berauben will.

Kinder werden dadurch aus ihren familiären Bindungen herausgelöst und in den Status von Alleinverantwortlichen erhoben, so dass sie eine übermächtige Last zu tragen haben. So, wie es die beiden deutschen Gesetzesentwürfe ebenfalls vorsehen. Die dahinterstehende Absicht ist leicht erkennbar: Der elterliche Einfluss soll schwinden oder gänzlich abgeschafft und die Fürsorgepflicht aufgelöst werden. Damit wird zugleich eine Schutzmembran zerstört, auf die Kinder dringend angewiesen sind. In das Vakuum, das dann entsteht, dringen andere Kräfte ein: Ärzte, Beratungsstellen und Transitionskliniken. Gemeinsam mit den Lobbygruppen der Transgenderbewegung setzen sie sich dafür ein, dass den vermeintlich gesicherten Wünschen der Kinder entsprochen wird. In der Gewissheit, sie stünden auf der Höhe der Zeit, allein sie würden den Fortschritt repräsentieren und moralisch einwandfrei handeln.

Medizinische und psychologische Fachverbände warnen vor dieser Entwicklung. Sie verweisen auf die unumkehrbaren Folgen eines Transitionsprozesses und kritisieren einen affirmativen Ansatz, der den kindlichen Willen zur alles entscheidenden Größe erhebt. Etwa dann, wenn sich dreizehnjährige Mädchen die Brüste abnehmen lassen. Weiterhin betonen sie, dass in der Kindheit auftretende Irritationen über das geburtlich zugewiesene Geschlecht selten in eine transsexuelle Entwicklung münden. Wie gut belegt ist, handelt es sich zumeist um Übergangsphänomene, die sich später wieder auflösen. Nach Korte[3] stellen sich nur in 2,5 bis 20 Prozent der Erstmanifestationen lebensrelevante Verfestigungen ein. Erschwerend kommt hinzu, dass mit der Diagnose Genderdysphorie erhebliche Komorbiditäten einhergehen. Bis zu drei Viertel der Betroffenen weisen gravierende psychische Belastungen auf, Depressionen, Angststörungen, bipolare und dissoziative Störungen oder andere. Deshalb ist es möglich, oft sogar naheliegend, dass sich hinter einer Gender-Irritation ganz andere Probleme verstecken. Nicht selten entpuppt sie sich als Vorbote einer homosexuellen Entwicklung. Aus diesem Grund bezeichnet Korte[4] eine vorschnell eingeleitete Transition als ein Programm, das Homosexualität verhindern soll.

Eine erste Weichenstellung erfolgt bereits mit der Vergabe von Pubertätsblockern. Dieser Schritt

---

3 Korte et al. 2008, S. 834.
4 nach Spiewak 2016, S. 6.

ist deshalb so bedeutungsvoll, weil er nahezu ausnahmslos, fast schon als Automatismus, zur Einnahme von Gegenhormonen und sodann zu einer chirurgischen Angleichung an das andere Geschlecht führt. Werden keine pubertätsblockierenden Maßnahmen eingeleitet, löst sich die Geschlechtsdysphorie in der großen Mehrzahl der Fälle wieder auf. Das biologische Geschlecht wird dann als das eigene akzeptiert.[5]

Auch hinsichtlich der Behandlungsfolgen bleiben viele Fragen offen. Von einem gesicherten Erkenntnisstand ist die Forschung noch weit entfernt. Vor allem fehlt es an robusten Langzeitstudien zur körperlichen und psychischen Entwicklung. Ein einfacher Befreiungsschlag aus den Fesseln des biologischen Geschlechts ist eine Geschlechtsumwandlung sicher nicht: Auch dann nicht, wenn sie subjektiv als erfolgreich und befriedigend erlebt wird. Lebenslang bleibt eine Abhängigkeit von medizinischen Behandlungen erhalten. Die organischen Folgen sind vielfach ungewiss, kritische Hinweise dazu vorhanden. Bei gezielter Indikation und vorsichtigem Vorgehen tritt häufig eine psychische Entlastung ein. Innere Probleme lösen sich aber nicht von selbst auf. Langfristig besteht häufig ein weiterer psychologischer Betreuungsbedarf.

---

5 Korte/Beier/Bosinski 2016

Um einem Missverständnis vorzubeugen: Für viele Menschen kann eine Umwandlung segensreich sein, einen unerträglichen Zustand beenden und eine große Befreiung bedeuten. Die Gesellschaft hat sich auch an diesem Punkt in erfreulicher Weise geöffnet. Häufig, wenngleich nicht immer, wird Transitionswünschen mit einer Toleranz und Offenheit begegnet, die früher kaum vorstellbar war. Denjenigen, die nach reiflicher Überlegung einen solchen Weg gehen möchten, darf er nicht verwehrt werden. Darauf haben sie einen juristischen und moralischen Anspruch. Darin verdienen sie Unterstützung. Eine lebenslang wirkende Entscheidung kann aber nur verantwortlich getroffen werden, wenn sie gut abgesichert ist. Eine hochwertige fachliche Beratung ist eine Voraussetzung dafür. Sie muss in einem offenen und schützenden Rahmen stattfinden, der den persönlichen Gegebenheiten, insbesondere der emotionalen und kognitiven Reife gerecht wird.

Dazu gehört auch eine Aufklärung darüber, dass es im eigentlichen Sinne keine Geschlechtsumwandlung gibt. Was medizinisch in immer besseren Ausformungen gelingt, ist eine Annäherung, die dem Ideal, dem anderen Geschlecht anzugehören, niemals entspricht. Dieses Faktum lässt sich nicht durch Selbstkonstruktionen und innere Gewissheiten aus der Welt schaffen. Es gibt kein unkörperliches Selbst. Für den Umgang mit jungen Menschen, die Transitionswünsche haben, ist diese Einsicht von großer Bedeutung, in Klinik, Therapie und Pädagogik gleichermaßen.

Inzwischen melden sich vermehrt Detransitioner zu Wort, Menschen, die eine Umwandlung rückgängig machen wollen. Häufig beklagen sie, dass sie viel zu schnell in einen Veränderungssog geraten sind, der ihre innere Freiheit beschnitten hat. Aufgrund der ihnen entgegengebrachten affirmativen Haltung seien sie nur unzureichend beraten worden. Niemand habe es für notwendig gehalten oder sich getraut, ihre Selbstdefinition ernsthaft in Frage zu stellen. Viele Detransitioner warnen deshalb vor übereiligen Entscheidungen, die katastrophale persönliche Folgen haben können.

Darum geht es auch in einem aufsehenerregenden Klageverfahren, das die Britin Keira Bell kürzlich vor dem High Court gegen das Gender Identity Development Service (GIDS) geführt hat, einen Teil der berühmten Tavistock and Portman Clinic. Die Klägerin obsiegte erstinstanzlich: Ihr wurde bestätigt, dass sie ungenügend und irreführend informiert wurde. Dadurch habe sie einen falschen und leidvollen Weg eingeschlagen. Zudem stellte das Gericht fest, dass Kinder und teilweise auch Jugendliche die Tragweite und Folgen einer medizinischen Transition noch gar nicht überblicken können und deshalb auch nicht einwilligungsfähig sind. Bei den über 16jährigen wird ein richterlicher Beschluss für erforderlich gehalten.

Ebenso wie in der Sexualerziehung hat auch beim Thema Transgender eine ehemalige Emanzipationsidee eine unglückliche Wendung genommen. Was der persönlichen Befreiung von überkommenen Zwängen dienen sollte, ist vielfach in das Gegenteil umgeschlagen. Ein neues Machtsystem hat sich etabliert, mit strenger Normativität und einer rigiden Kleiderordnung, die kaum noch Widerspruch verträgt. Die vorgegebenen Regeln werden erbittert verteidigt, sie sollen allgemein verpflichtend werden. Wer Einspruch erhebt, gilt als verstaubt und hoffnungslos rückwärtsgewandt. Das ist noch die harmlose Variante. Im schlimmsten Fall droht ein Redeverbot, ein Ausschluss aus dem Diskurs. Bereits der Vorwurf der Homo- oder Transphobie reicht dafür häufig aus. Es bleibt nur zu hoffen, dass sich diese Phänomene – politische Korrektheit und eine ausgeprägte Identitätspolitik – hierzulande nicht in dem Ausmaß durchsetzen werden, wie es in den Vereinigten Staaten längst der Fall ist.

Identitätspolitik

> »Die Gesellschaft muss Minderheiten schützen – sich aber auch vor ihnen schützen, wenn sie sich auf erpresserische Weise auf ihren Opferstatus berufen.«
>
> *Pascal Bruckner*[1]

»ALLE Menschen sind frei und gleich an Würde und Rechten geboren«, so lautet der Gleichheitssatz der UN-Menschenrechtskonvention, und im Grundgesetz Artikel 3 steht: »Niemand darf wegen seines Geschlechtes, seiner Abstammung, seiner Rasse, seiner Sprache, seiner Heimat und Herkunft, seines Glaubens, seiner religiösen oder politischen Anschauungen benachteiligt oder bevorzugt werden. Niemand darf wegen seiner Behinderung benachteiligt werden.« Dem Einzelnen wird zugesichert, dass er ein Anrecht auf ein diskriminierungsfreies Leben hat, in einer verlässlichen Struktur, in der er sich frei bewegen und entfalten kann. Dieses Schutzversprechen ist umfassend: Die Menschenwürde lässt keine Relativierung zu, und die im Grundgesetz enthaltene Freiheitszusage darf nur unter sehr hohen Auflagen eingeschränkt werden. Dann, wenn es zu einer massiven Verletzung der Rechte anderer kommt. Zugleich ist damit eine Verpflichtung ausgesprochen, der sich niemand entziehen darf, wie

---

1 Bruckner 2018, S. 21.

immer seine Motive aussehen und sich das subjektive Erleben darstellt. Kein Mensch darf sich über die Rechtsordnung erheben und andere in ihren elementaren Rechten beschneiden, auch wenn er glaubt, sein guter Wille und seine moralische Überlegenheit gebiete ihm dies.

Der Status ehemals diskriminierter und marginalisierter Gruppen hat sich im Laufe der Zeit deutlich verbessert, nachdem Herabsetzungen aufgespürt und Ungerechtigkeiten aufgedeckt wurden. Die Homosexualität wurde entkriminalisiert und depathologisiert, sexuelle Besonderheiten werden stärker toleriert und akzeptiert. Die Betroffenen müssen sich nicht mehr in einer Weise verstecken, wie es einst der Fall war. Sie treten inzwischen – nach langen Kämpfen – selbstbewusst auf und vertreten ihre Interessen offensiv. Die Love-Parade, die unterschiedliche sexuelle Ausdrucksformen präsentiert, zeugt davon. Homosexuelle zeigen sich zunehmend in Kultur, Politik und Wissenschaft, oft werden sie vollkommen selbstverständlich aufgenommen. Auch Menschen, die ihr Geschlecht umwandeln wollen, gelingt dies leichter als früher. Auf ihr Anliegen wird sensibler reagiert, Diskriminierungen sind geringer geworden. Ein veränderter Rechtsstatus trägt wesentlich dazu bei.

Eine breite Auseinandersetzung mit Behinderung hat Türen geöffnet, die früher verschlossen waren. Menschen mit Behinderung werden stärker anerkannt, in ihren Fähigkeiten wahrgenommen und nicht nur in dem, was sie nicht können. Vor allem seit der Verabschiedung der UN-Behindertenrechtskonvention erfahren sie besondere Aufmerksamkeit, übersehen werden sie weniger denn je. Massenasyle fernab der großen Städte, in denen geistig Behinderte und psychisch Erkrankte untergebracht waren, existieren schon längst nicht mehr. Ein solcher Ausschluss ist überwunden, zugunsten von mehr Teilhabe und Partizipation, Nähe und Gemeinsamkeit. Alle Kinder, die eine Behinderung aufweisen, gehen in Deutschland zur Schule, im Gegensatz zu vielen anderen Ländern. Auch hier hat sich ein gravierender Wandel eingestellt, der dem Diskriminierungsverbot des Grundgesetzes Rechnung trägt, wenngleich noch vieles verbesserungswürdig bleibt.

Hinter all diese Errungenschaften darf nicht zurückgefallen werden. Und es ist anzuerkennen, wieviel bisher geleistet wurde. Die politische Korrektheit hat in ihren Anfängen dazu beigetragen. Achtung und Respekt gebühren denjenigen, die sich für diese Entwicklung eingesetzt haben – den Vertreterinnen und Vertretern spezieller Interessengruppen, die häufig erste Anstöße gaben, ebenso wie den Personen, die sich auf politischer Ebene engagiert und für eine mehrheitliche Zustimmung gesorgt haben, etwa bei Parlamentsbeschlüssen.

Mit zunehmender Gleichstellung korrespondiert allerdings ein paradox anmutendes Phänomen. Dort, »wo die Egalität zunimmt, wird immer mehr

Egalität eingeklagt«.[2] Verbliebene Unterschiede stechen jetzt besonders ins Auge: »Je erfolgreicher ein Problem bekämpft wird, desto stärker wird das verbliebene und zugleich kleiner gewordene Restproblem wahrgenommen und diskutiert.«[3] Die Klagen werden umso größer, je besser die Teilhabechancen sind, je mehr erreicht wurde. Diskriminiert fühlen sich insbesondere diejenigen, die sich erfolgreich behauptet haben und sozial beträchtlich aufgestiegen sind, sei es in der Wirtschaft, in Wissenschaft, Kunst oder den Medien. In den USA sind es beispielsweise Schwarze mit hohem Bildungsniveau und gutem Einkommen. Dabei können sich Sensibilitäten einstellen, die Restunterschiede dramatisieren und weit über das ursprüngliche Ziel hinausschießen. Geringfügige, eigentlich tolerable Differenzen gelten dann als unzumutbar.

Ein weiterer Gesichtspunkt kommt hinzu, der zu einer Umorientierung führt. Ein ehemals vorrangiges Ziel, das der Integration in die Gesellschaft, verliert zunehmend an Bedeutung. Die Anerkennung von Unterschiedlichkeit ist zu einem zentralen gesellschaftlichen Thema geworden. Diversität und eine weit verstandene Inklusion sind die dazugehörigen Leitkategorien. Vielfalt wird allerorten gelobt und gepriesen, wie bereichernd sie für alle Beteiligten sein kann. Unter kulturellen, religiösen,

---

2 Grau 2017, S. 93.
3 El-Mafaalani 2019, S. 2.

sozioökonomischen und weltanschaulichen Gesichtspunkten, aufgrund unterschiedlicher Lebensformen und sexuellen Ausrichtungen, hinsichtlich des Verhältnisses der Geschlechter zueinander, des Lebensalters und verschiedener Lebenserschwernisse, geleitet von der festen Überzeugung, im Rahmen einer bunten Vielfalt werde ein befreites und in vielem unbeschwertes Leben möglich.

Diese fast ans Idyllische grenzende Erwartung steht im Raum, ohne dass der Vielfaltsbegriff hinreichend geklärt wurde. Was fehlt, ist eine wertegeleitete Definition, die sich von Vielfaltsformen abgrenzt, die alles andere als wünschenswert sind. Kindesmissbrauch, körperliche und sexuelle Übergriffe, narzisstische Ausbeutung gehören zu den Fakten des kindlichen Lebens. Gewalt in Familien und anderen Lebensbereichen ebenso, Sucht und Verwahrlosung, Vereinsamung und Ausbeutung, von der in Deutschland weit verbreiteten Zwangsprostitution ganz zu schweigen. Frauenrechte können aufgrund religiöser Verpflichtungen übergangen werden, wie es im islamischen Fundamentalismus geschieht, und nicht alle Religionen üben sich in gegenseitiger Toleranz. Ein diffus bleibender Vielfaltsbegriff muss sich auch dahingehend befragen lassen, wie er es mit divergierenden Weltanschauungen und politischen Auffassungen hält. Eigentlich müsste ein breites Spektrum an Positionen und Haltungen begrüßt, geradezu mit Freude aufgenommen und als bereichernd erlebt werden.

Faktisch ist das oft nicht der Fall. Die Spielräume des für zulässig Gehaltenen fallen unter dem Rubrum der Vielfalt ausgesprochen eng aus.

Die Identitätspolitik hat erheblich an gesellschaftlichem Einfluss gewonnen. Immer mehr Gruppen berufen sich auf Besonderheiten, die nur sie auszeichnen, entlang der jeweils vertretenen Diversitätsdimension. Diese Entwicklung hat in den 1970er Jahren in den USA begonnen, sich seitdem intensiviert und auf viele andere Länder ausgeweitet. Inzwischen betreten Identitätsgruppen offen die politische Bühne, setzen sich überaus selbstbewusst für ihre Interessen ein und versuchen, Deutungshoheiten zu erringen. Ethnische Differenzen, sexuelle Vorlieben und Geschlechterverhältnisse gelten als entscheidende gesellschaftliche Trennungslinien, in Abgrenzung zu einer Mehrheitsgesellschaft, die als befremdlich, übermächtig und bedrohlich gilt. Dem möglichst homogen gehaltenen Eigenen wird dagegen etwas Ursprüngliches und Erhaltenswertes von besonderer Dignität attestiert. Nur innerhalb dieses Kreises gebe es den existentiell benötigten Schutz, Zugehörigkeit und Geborgenheit, so lautet das Selbstverständnis. Nur dort könne ein Einklang mit dem eigenen Inneren entstehen, fast wie in einem Naturzustand, der wiederhergestellt werden soll. Die Sicherung und Festigung der eigenen Identität wird deshalb zum vornehmsten Ziel.

Dabei reicht es nicht aus, auf eine tolerante Gesellschaft zu treffen, die Diskriminierungen erfolgreich entgegenwirkt. Das wäre zu wenig. Die eigene Besonderheit lässt sich unter dieser Bedingung nicht genügend festigen. Deshalb muss die eigene missliche Lage hervorgekehrt und das Erregungsniveau hochgehalten werden. Ungerechtigkeiten werden bis in die feinsten Verästelungen hinein gesucht, Themen immer weiter aufgefächert, mit argwöhnischer Grundhaltung und großer Empörungsbereitschaft. An dem Vorwurf, benachteiligt und Diskriminierungen ausgesetzt zu sein, wird hartnäckig festgehalten, auch wenn dafür nur schwache oder gar keine Beweise mehr existieren. »Die Opferrolle [ist] so zur wichtigen kulturellen Quelle für Identitätskonstruktion«, »zu einem Kernbestandteil ihrer Identität«[4] geworden. Um ein zu vernachlässigendes Randphänomen handelt es sich dabei nicht. »Die Auffassung, dass nahezu jeder außerhalb der herrschenden Elite ein potentielles Opfer ist, suggeriert, dass Viktimisierung nicht eine Ausnahme, sondern die Regel in der existentiellen Realität der amerikanischen Kultur darstellt. Ein alles durchdringendes Gefühl von Viktimisierung bildet wohl die bedeutendste kulturelle Hinterlassenschaft dieser Ära.«[5]

---

4 Furedi 2018, S. 19 f.
5 Furedi 2018, S. 20.

Die Konsequenz daraus ist, dass es aus strategischen Gründen Täter geben muss, verurteilende und verfolgende äußere Objekte, die den Status einer bedrohten Minderheit gefährden. Auf unerbittliche Anklagen kann nicht verzichtet werden. Sie richten sich gegen einzelne Personen, bestimmte Gruppen oder Zumutungen, die von einer repressiven Gesellschaft im Allgemeinen ausgehen sollen. Ihnen müsse mit großer Entschiedenheit begegnet werden und, gar nicht so selten, mit militanter Gegenwehr, wenn andere Mittel keinen Erfolg versprechen. Die Zahl derer, die ins Visier geraten, steigt ständig an. Die Grenzen, die gezogen werden, sind scharf markiert, die aufgeworfenen Gräben tief, das Gelände mitunter vermint. Bemerkenswert ist, dass die Protagonisten dieser Bewegungen nur in Teilen selbst betroffen sind. Häufig setzen sie sich stellvertretend und emotional hochbesetzt für andere ein, für die Opfer der Kolonialpolitik zum Beispiel oder für Transgender.

Was als Gleichheitsstreben begann, das Benachteiligungen überwinden sollte, hat sich inzwischen in sein Gegenteil verkehrt. Nicht mehr Integration und Gleichstellung sind die zentralen identitätspolitischen Ziele, sondern die Bestätigung der eigenen Besonderheit und Überlegenheit. Aufgrund der Überzeugung, einzigartig und schützenswert zu sein, klagen immer mehr Gruppen immer stärkere Privilegien ein. Sie lassen sich umso unbeschwerter einfordern, je heftiger Diskriminierungen erlebt werden, je ungerechter, einengender und kränkender die Mehrheitsgesellschaft erscheint. Identitätsgruppen können dabei untereinander in Konkurrenz geraten. Nach Robert Pfaller[6] sind die »um ihre Identität Besorgten [inzwischen] in einen ›Opferwettbewerb‹ [getreten], in dem sie einander durch sogenannte Intersektionalität zu übertreffen versuchen«.

Die Identitätspolitik wirkt in unterschiedlicher Form, durch direkte Einflussnahme oder indirekt, indem sie zu atmosphärischen Veränderungen führt, die sich im Denken und Erleben niederschlagen. Auf der politischen Ebene wird versucht, Gesetzgebungen zu beeinflussen, teils mit beträchtlichem Erfolg. Der Equality-Act in den USA ist ein Beispiel dafür, die Anerkennung eines dritten Geschlechts in Deutschland und vielen anderen Ländern ein anderes. Die Genderbewegung ist politisch außerordentlich einflussreich. Auswirkungen auf die Sexualerziehung wurden bereits benannt.

Ein vom Magazin der »New York Times« 2019 initiiertes Projekt hat sich zum Ziel gesetzt, die amerikanische Geschichte grundlegend umzuschreiben. Der Titel, »The 1619 Project«, erinnert an das Jahr, in dem die ersten Sklaven in Amerika eintrafen. Im Zentrum des nationalen Narrativs sollen nunmehr die Folgen der Sklaverei, das Erlittene und die Ver-

6 Pfaller 2018, S. 127.

dienste schwarzer Amerikaner stehen. Sie gelten als die historisch entscheidende Größe, nicht mehr die demokratische Verfasstheit des Landes, individuelle Freiheitsrechte und Rechtsstaatlichkeit, die das Zusammenleben übergeordnet konstituieren. Wissenschaftlich ist das Projekt zwar hochumstritten, zahlreiche prominente Historiker haben Bedenken angemeldet, es diene vornehmlich ideologischen Zwecken und halte einer kritischen Überprüfung nicht stand. Seine Öffentlichkeitswirkung ist dennoch ungebrochen.

Die im Projekt entstandenen Materialien sind bereits kurz nach ihrem Erscheinen in die Schulpraxis eingegangen. Tausende von Lehrerinnen und Lehrer haben sie genutzt oder zum Ausgangspunkt genommen, um eigene Beiträge hinzuzufügen. Teils mit großer Begeisterung, gestützt auf die Überzeugung, endlich könnten sie die wahre amerikanische Geschichte erzählen. Kinder müssten nun definitiv zur Kenntnis nehmen, dass die Hautfarbe ein lebensentscheidendes Merkmal ist und die Aufteilung von Menschen in Opfer und Schuldige ein zwingendes moralisches Gebot. Jeder Mensch ließe sich zuordnen, er gehöre entweder auf die eine oder andere Seite. Wiedergutmachung wird zur entscheidenden Aufgabe, auch dann, wenn die beklagenswerten Ereignisse Jahrzehnte oder gar Jahrhunderte zurückliegen.

Von einer abwägenden Darstellung ist all das weit entfernt. Es geht hier nicht mehr darum, dass selbstverständlich Gewordenes hinterfragt, historisch dunkle Geschehnisse anerkannt und Diskussionen mit offenem Ausgang geführt werden. Das Ziel ist ein anderes: die Etablierung einer identitätspolitisch geprägten Weltanschauung, die Sklaverei und Rassismus zu einem unantastbaren, nicht mehr relativierbaren Kernbestand erhebt. Wer dem widerspricht, begibt sich auf ein gefährliches Terrain. Schnell steht der Vorwurf im Raum, er verletze die Gefühle der Opfer in unerträglicher Weise, so dass er aus dem Diskurs ausgeschlossen werden müsse.

Um besondere Sensibilitäten und den Versuch, sie machtvoll durchzusetzen, geht es auch im nächsten Beispiel. Im November 2020 ist in Frankreich ein Lehrer einem islamistischen Attentat zum Opfer gefallen. Er wurde enthauptet. Dem Attentat war ein öffentlicher Aufruf eines muslimischen Vaters vorausgegangen, dem Lehrer gegenüber müsse ein Zeichen gesetzt werden, er habe den Propheten im Unterricht beleidigt. Infolgedessen ist eine breite Diskussion darüber entstanden, wie dem großen Einfluss, den radikal-islamische Kräfte auf französische Schulen ausüben, begegnet werden kann. Das Faktum selbst war allerdings seit Jahren bekannt.

Obgleich die deutschen Verhältnisse von den französischen noch weit entfernt sind, hat der Einfluss bestimmter Interessengruppen auch hierzulande ein bedenkliches Ausmaß angenommen. Hans-Peter Meidinger, der Präsident des Deutschen Lehrerverbands, warnt vor einem »Klima der Einschüchterung«[7], das er in den Schulen immer häufiger antrifft. Vor allem in sozialen Brennpunkten werde ein hoher Druck auf die Lehrerschaft ausgeübt, von Eltern und Schülern mit »einem entsprechenden Migrationshintergrund«, wie Meidinger das Problem vorsichtig umschreibt. Bestimmte Inhalte fallen dem zum Opfer: Der Nah-Ost-Konflikt, die Situation Israels und der Antisemitismus werden nur noch begrenzt oder gar nicht mehr behandelt, Themen wie Evolutionstheorie, Sexualität und Religionskritik zunehmend ausgespart, Abmeldungen vom Schwimmunterricht und Klassenfahrten schulterzuckend hingenommen. Die Aushebelung der Schulpflicht durch den Ramadan gehört ebenfalls dazu.

Ein westliches Verständnis von Meinungsfreiheit und individualisierter Lebensform steht damit zur Disposition. Es wird nicht mehr offensiv vertreten, aus der Angst heraus, persönlich bedrängt zu werden, oder aus der Sorge, der Ruf der Schule könne leiden. Ahmad Mansour[8] berichtet, dass einzelne Lehrerinnen und Lehrer vorsichtshalber ihre Homosexualität oder Religionszugehörigkeit verstecken. Die Macht, die im Namen religiöser Identität errungen wurde, ist inzwischen ganz beträchtlich. Sie wird jedoch, von punktuellen Ausnahmen abgesehen, immer noch bagatellisiert, wenn nicht gar ver-

---

7 nach Thiel 2020a, S.13.
8 Mansour 2020, S. 4.

leugnet. Der fromme Glaube, niemand dürfe diskriminiert werden, trägt wesentlich dazu bei.

Eine besondere, fast tragisch anmutende Form nimmt das Identitätsdenken bei einem kleinen Teil der schwer Hörgeschädigten an, den Tauben, wie sie sich heute nennen. Sie verfügen mit der Gebärdensprache über ein hochwertiges Sprachsystem, das ihnen eine problemlose Kommunikation untereinander ermöglicht. Im Kontakt mit Hörenden sind sie jedoch stark beeinträchtigt. Lange Zeit haben sie um die Anerkennung ihrer Sprache kämpfen müssen, die inzwischen auch an Schulen gelehrt wird. Das ist eine große historische Errungenschaft, die viele taube Menschen zu Recht als Befreiungsakt ansehen. Ein Zusammenschluss in der Gebärdensprachgemeinschaft, der »Welt der Gehörlosen«, bedeutet ihnen viel, ihrem Selbstverständnis nach stellt sie eine kulturelle Minderheit dar. Ihre Existenz ist an die Gebärdensprache gebunden. Technische Hilfsmittel wie das Cochlea-Implantat, das Hörleistungen steigert, und eine gezielte pädagogische (Früh-)Förderung, die zu einer höheren lautsprachlichen Kompetenz führen kann, werden deshalb skeptisch betrachtet. Sie gelten als bedrohlich, weil sich die so Unterstützten der hörenden Mehrheitsgesellschaft anschließen könnten. Für die Gebärdensprachgemeinschaft und die Gehörlosenkultur gehen sie dadurch verloren.

Wie stark der Wunsch sein kann, sie zu erhalten, zeigt sich nicht nur an einer reservierten Haltung zum Cochlea-Implantat und der lautsprachlichen Frühförderung. Noch viel gravierender ist, dass sich in den Vereinigten Staaten inzwischen 15 bis 20 Prozent der gebärdensprachlich kommunizierenden Gehörlosen einen tauben Nachwuchs wünschen. Und bei diesem Wunsch bleibt es nicht: »Gehörlose Paare nutzen die pränatale Diagnostik (...) in den USA mittlerweile dazu, um Kinder zu bekommen, die so sind wie sie – nämlich gehörlos.«[9] Die Gruppenzugehörigkeit genießt also höchste Priorität. Dafür wird in Kauf genommen, dass Kinder in ihrer Entwicklung stark eingeschränkt werden und sich ihre Behinderung noch weiter verstärkt. Die ehemalige Vorsitzende des Ausschusses der Vereinten Nationen für die Rechte von Menschen mit Behinderungen, Theresia Degener, sieht darin kein Problem. Sie unterstützt dieses Vorgehen, es falle »in die Kategorie erlaubter Reproduktionsautonomie.«[10] Es ist erschreckend, auf wie radikale Weise hier über das Kindeswohl hinweggegangen wird.

Wo nur noch die eigene Identität zählt, erscheint alles andere als vergleichsweise bedeutungslos, von geringerem Wert, zu vernachlässigen. Es soll sich dem identitären Anliegen fügen. Im Bereich der Behinderung hat sich, auch unter Berufung auf die UN-Behindertenrechtskonvention, ein Verständ-

---

9 Kuhlmann 2011, S. 43.
10 nach Viciano 2002, S. 3.

nis ausgebreitet, das Behinderung vor allem aus sozialpolitischer Perspektive betrachtet. Behinderung gilt als eine Vielfaltsdimension unter anderen, die soziale Anerkennung wird zum vorrangigen Ziel. Behinderungsquellen existieren demnach vor allem in der Außenwelt, in Barrieren, mangelnder materieller Unterstützung und vorurteilsgeprägten Haltungen. Damit geht eine ausgesprochene Geringschätzung medizinischer und pädagogischer Interventionen einher. Der dahinterstehende Vorwurf lautet: Behinderte Menschen sollen an rigide Normalitätsvorstellungen angepasst und gezwungen werden, sich ihnen zu unterwerfen – in einer Gesellschaft, die Behinderung nicht akzeptieren will, weil sie in ihrem Kern behindertenfeindlich ist. Die Aktivisten dieser Bewegung, die nur zum Teil selbst behindert sind, betonen ihr eigenes Expertentum, fordern eine Definitionshoheit über den Behinderungsbegriff und darüber, was Menschen mit Behinderung brauchen. Professionelle Hilfen sollen nur noch als nachrangige Serviceleistungen erfolgen und erzieherische Absichten aufgegeben werden.

James M. Kauffman und Jeanmarie Badar (2018)[11] haben für ein komplexeres Behinderungsverständnis plädiert und betont, dass Behinderung auch eine ganz persönliche Seite habe, die nicht ausgeblendet werden dürfe. Behinderung kann mit schmerzlichen

---

11 Kauffman/Badar 2018.

Lebenseinschränkungen einhergehen, Leid bedeuten, zu Angewiesensein und Abhängigkeit führen. Ein Fördergedanke, der sich auf die Person und ihre Veränderung bezieht, dürfe deshalb nicht aufgegeben oder übermäßig relativiert werden. Diese Aussage hat eine Welle von Empörung hervorgerufen. Mehrere hundert Behindertenaktivisten und Wissenschaftler haben gegen diesen Text protestiert, weil er ihrer Auffassung nach Menschen mit Behinderung kränkt und herabsetzt. In einem offenen Brief[12] fordern sie, dass die Zeitschrift »Exceptionaliy« keine Texte der Autoren mehr veröffentlicht, sie also mit einem Publikationsverbot belegt. Kauffman ist, wie ergänzt werden darf, seit Jahrzehnten einer der bedeutendsten und anerkanntesten Sonderpädagogen der USA.

Auch in Deutschland haben es kritische Stimmen nicht leicht. Wer sich dem Meinungsstrom entzieht oder Identitätsinteressen widerspricht, kann an den Universitäten in eine Randposition gedrängt werden, mit gravierenden Konsequenzen. Um Einzelfälle handelt es sich bei weitem nicht mehr. Das belegen verschiedene Stellungnahmen des Deutsche Hochschulverbands. In der Resolution des 67. DHV-Tages »Streit- und Debattenkultur an Universitäten«[13] heißt es: »Wenn jedoch abweichende wissenschaftliche Meinungen Gefahr laufen als un-

12 An open letter 2019.

13 Deutscher Hochschulverband 2017, S. 404 f.

moralisch stigmatisiert zu werden, verkehrt sich der Anspruch von Toleranz und Offenheit in das Gegenteil: Jede konstruktive Auseinandersetzung wird im Keim erstickt. Statt Aufbruch und Neugier führt das zu Feigheit und Anbiederung.« In einem Klima von Beklommenheit, Unfreiheit und Angst werden Standpunkte nicht mehr offen vertreten, Themen gemieden und Denkräume beschnitten. Entweder, weil reale Sanktionen drohen, oder auch nur deshalb, weil entsprechende Befürchtungen existieren. In den von der identitätspolitischen Linken dominierten geisteswissenschaftlichen Fächern ist das gehäuft der Fall.

Die vom Hochschullehrerverband kritisierten Freiheitseinschränkungen sind kein zufälliges Beiwerk einzelner unbedachter Aktionen. Sie werden absichtsvoll herbeigeführt. Die Überzeugung, auf der richtigen Seite zu stehen, die Gewissheit, moralisch ausschließlich Gutes zu tun, gelten als vollkommen ausreichend, um die elementaren Rechte anderer zu verletzen. Denn sie vertreten, wie ihnen vorgeworfen wird, etwas total Falsches und zutiefst Verwerfliches, das der eigenen Makellosigkeit gegenübersteht. Ein triangulärer Raum, der verschiedene Pole zulässt, verschwindet damit. Spannungen, die der Streit um unterschiedliche Positionen mit sich bringt, werden nicht mehr toleriert.

Persönliche Betroffenheit ist zur Richtschnur identitätspolitischer Kulturkämpfe geworden. Sie untergräbt die bisher anerkannten Diskursregeln, indem sie unangenehme Beweisführungen und intellektuellen Widerspruch gegenüber den eigenen Empfindungen für nachrangig erklärt. Entscheidend soll sein, was erlebt und als unangreifbar identitätsstiftend in den Raum gestellt wird. »Diese therapeutisch geprägte Argumentation gegen kritische Werturteile und Meinungsfreiheit sieht Kritik nicht nur als Angriff auf Ansichten und Meinungen an, sondern auch als Angriff auf die Person, die diese vertritt. Das Ergebnis ist Zensur und Illiberalität.«[14] Rationalität, Offenheit und die Akzeptanz von Unterschiedlichkeit haben darunter zu leiden, im wahrsten Sinne des Wortes.

Individuelle Sensibilitäten können, auch wenn sie noch so kraftvoll vorgetragen werden, nur notdürftig darüber hinwegtäuschen, wie stark das Machtstreben ist, das sich hinter ihnen verbirgt. Es geht darum, eine Deutungshoheit zu erringen, die Dialoge nur noch dann zulässt, wenn sie es für richtig hält. Herwig Münkler, Politologe an der Humboldt-Universität zu Berlin, wurde massiv unter Druck gesetzt, weil er in einer Vorlesung zur Ideengeschichte vornehmlich über »alte weiße Männer« wie Hobbes oder Kant sprach – das sei sexistisch, rassistisch, imperialistisch. Dem Erziehungswissenschaftler Malte Brinkmann ging es ähnlich. Auch er hatte es gewagt,

14 Furedi 2018, S. 24.

über Kant zu berichten. Selbst die Vorkämpferin der Frauenbewegung, Alice Schwarzer, wurde, wie bereits erwähnt, an der Wiener Universität am Sprechen gehindert. Sie vertrete einseitige und islamophobische Positionen, eine Redefreiheit könne ihr deshalb nicht mehr zugestanden werden. Der Ethnologin Susanne Schröter wurde anlässlich einer Konferenz an der Frankfurter Universität (»Das islamische Kopftuch. Symbol der Würde oder der Unterdrückung?«) von Studentenseite antiislamischer Rassismus vorgeworfen. Sie hatte unter anderem Alice Schwarzer und die Soziologin Necla Kelek eingeladen.

Einschränkungen der freien Rede gehen nicht nur von der Studentenschaft aus. Sie stützen sich auf ein sehr viel breiteres Fundament. So sprachen sich der Präsident und der Dekan der Siegener Universität dagegen aus, Thilo Sarrazin und Marc Jongen an einer philosophischen Ringvorlesung teilhaben zu lassen, und distanzierten sich offiziell von ihnen. Die ursprünglich bereitgestellten Honorarmittel wurden von der Fakultät gestrichen. Am Ende sprach Jongen unter Polizeischutz. Rainer Wendt, Vorsitzender der Deutschen Polizeigewerkschaft, erhielt an der Frankfurter Universität ein Redeverbot. »Einer der Professoren, die den Protest organisiert und die Ausladung von Wendt verlangt hatten, führte unter dem großen Beifall (...) an, er sehe sich außerstande und überfordert, mit einem Rassisten zu debattieren, deshalb hätten solche Personen nichts auf dem Campus verloren.«[15] Eine persönliche Betroffenheit, sei sie vorgeschoben oder auch nicht, geht hier mit einem unerbittlichen Machtstreben Hand in Hand.

Politische Überzeugungen und Identitätsinteressen dürfen nicht zur Überwältigung anderer missbraucht werden. Freiheitseinschränkungen und Denkverbote sind mit Entschiedenheit zurückzuweisen. Universitäten müssen davor geschützt werden, dass sie zur Avantgarde der Intoleranz werden. Das sollte eigentlich selbstverständlich sein, ist es aber längst nicht mehr. »Die Befragung von knapp tausend Studenten überwiegend aus dem linken Spektrum brachte den alarmierenden Befund, dass ein beträchtlicher Anteil von Studenten mit anderen Meinungen nicht konfrontiert werden will. Ein Drittel bis die Hälfte der Befragten sind dagegen, Redner mit abweichenden Meinungen zu den am meisten umstrittenen Themen Islam, Geschlecht und Zuwanderung an der Hochschule zu dulden. Noch höher ist der Anteil derer, die solchen Personen keine Lehrbefugnis geben würden, wiederum ein Drittel will ihre Bücher aus den Bibliotheken verbannen.«[16] Mit einer berechtigten Wahrnehmung spezieller (Minderheits-)Interessen hat diese Entwicklung nichts zu tun. Auf eine Notwehrsituation, die mitunter vehement beschworen wird, kann

15 Ackermann 2020, S. 49.
16 Thiel 2020b, S. 12.

sich niemand überzeugend berufen. Vielmehr soll eine neue Weltsicht etabliert werden, die mit den gängigen demokratischen Gepflogenheiten unvereinbar ist. Rechte und Schutzvorkehrungen werden zwar für sich selbst beansprucht, anderen aber nicht mehr zugestanden.

Durch die mit der Identitätspolitik einhergehende Parzellierung von Interessen wird der Blick auf größere Zusammenhänge versperrt und der soziale Zusammenhalt geschwächt. Was zählt, ist das Eigene, die anderen stehen in weiter Ferne, außerhalb des Blickfeldes. Die um sich selbst kreisende Beschäftigung mit gruppenspezifischen Beeinträchtigungen, seien sie auch noch so geringfügig, wendet sich von den echten Diskriminierungen und groben Benachteiligungen ab, die außerhalb der eigenen Gemeinde vorkommen. Übersehen werden vor allem die sozial Schwachen, diejenigen ohne starke Lobby, die am stärksten auf Unterstützung, Hilfe und Solidarität angewiesen sind. Menschen mit niedrigen Bildungsabschlüssen oder gar keinen, die sich in prekären Arbeitsverhältnissen befinden oder arbeitslos sind, mit geringem Einkommen und wenig Perspektiven, dem aus eigener Kraft zu entgehen.

Um diese Gruppen kümmert sich die Identitätspolitik nicht, wie insbesondere aus traditionell linker Perspektive beklagt wird. Im Endergebnis ist die »[z]wischenmenschliche Solidarität (...) eines der größten Opfer der Identitätspolitik« geworden.[17] Wer sich für eine Diversitätspolitik einsetzt, ist häufig privilegiert, wie die Studierenden teurer amerikanischer Eliteuniversitäten, akademisch Gebildete oder Angehörige von Universitäten. Bei ihnen überwiegt das Eigeninteresse.

17 Furedi 2018, S. 25.

Vergangenheit

»In den Erinnerungen eines jeden Menschen gibt es Dinge, die er nicht allen mitteilt, sondern höchstens seinen Freunden. Aber es gibt auch Dinge, die er nicht einmal den Freunden aufdeckt, sondern nur sich selbst, und auch das nur unter dem Siegel der Verschwiegenheit. Schließlich aber gibt es auch noch Dinge, die der Mensch sogar sich selber zu sagen fürchtet, und solcher Dinge sammelt sich bei jedem anständigen Menschen eine ganz beträchtliche Menge an. Und zwar läßt sich noch folgendes sagen: je mehr er ein anständiger Mensch ist, desto mehr wird es solcher Dinge bei ihm geben.«

Dieser Satz Dostojewskis[1] benennt etwas Allgegenwärtiges. Es gibt Grenzen dessen, was psychisch integriert und im Bewusstsein gehalten werden kann. Das ist bei psychischen Erkrankungen der Fall, aber auch jeder gesunde Mensch benötigt eine Abwehr, die Unangenehmes verschwinden lässt. Die Psychoanalyse weiß um die Schwierigkeiten, die sich einstellen, wenn ungeliebte Wahrheiten ans Tageslicht gefördert werden sollen. Der Widerstand dagegen ist groß, und er muss es auch sein, weil er eine Schutzfunktion erfüllt.

---

1 nach Reik 2017, S. 107.

Die Psychoanalyse ist wie keine andere Wissenschaft der Selbstaufklärung verpflichtet. Die langen, oft zu langen Lehranalysen sind ein unumgänglicher Ausbildungsteil. Vollständig analysierbar aber ist niemand: Eine totale Aufklärung über sich selbst gibt es nicht, das Unbewusste entschlüsselt sich nur in Teilen. Innere Spannungen und Widersprüche bleiben, darunter auch solche, die sich um die Schuldthematik drehen. Schuld ist eine die Psyche konstituierende Kategorie. Keine Trennung erfolgt ohne Schuldgefühl, psychische Abgrenzungen sind schuldbeladen, weil sie einer aggressiven Unterfütterung bedürfen. Die Aggressivität, die das ermöglicht, darf aber nicht archaisch bleiben, sie muss gehemmt, neutralisiert und verarbeitet werden. Das setzt eine verinnerlichte Moral voraus, eine Gewissensinstanz, die sich aggressiven Wünschen entgegenstellt, sie reguliert und steuert.

Freud hielt diese Aufgabe für so bedeutend, dass er ihr eine kulturstiftende Funktion zuwies, zumal er von einer primären Destruktivität ausging. Sie bedarf begrenzender innerer wie äußerer Strukturen, damit ein friedliches Zusammenleben möglich wird. Eine fortwährende Triebkontrolle ist unerlässlich. Die Aufgabe wird, davon war Freud überzeugt, immer wieder auf die Probe gestellt. Mit Entgleisungen kann jederzeit gerechnet werden, vor allem, wenn äußere Kontrollen nachlassen und hohe Ideale Über-Ich-Anforderungen außer Kraft setzen. Freud hegte große Zweifel daran, ob sich die menschliche Destruktivität jemals gänzlich bewältigen lässt. Nicht zu Unrecht: Ein Blick in die Geschichte macht es in der Tat schwer, daran zu glauben, dass der Mensch von Natur aus gut ist.

Wie schwierig eine schuldbeladene Vergangenheitsbewältigung ist, zeigt sich auch bei denjenigen, die über eine besondere Introspektionsfähigkeit verfügen und sich professionell mit diesem Thema beschäftigen. Die beiden großen deutschen psychoanalytischen Fachgesellschaften haben sich über lange Zeit gegenseitig mit Vorwürfen überzogen, die sich auf die nationalsozialistische Zeit und ihre Folgen bezogen. Die Deutsche Psychoanalytische Gesellschaft, die nach dem Krieg ihre Arbeit fortsetzte, galt als kontaminiert. Die Deutsche Psychoanalytische Vereinigung, die erst 1950 gegründet wurde, beschrieb sich als unbelastet. Erst im Laufe der Zeit wurde deutlich, wie ausgeprägt Spaltungen und projektive Unterstellungen auf beiden Seiten waren. Es bedurfte eines langen Prozesses, bis eine Annäherung erfolgte und die gemeinsame Sprachlosigkeit überwunden wurde. Problematisches konnte auf beiden Seiten erkannt werden. Spaltungen und Schuldzuweisungen traten zurück, ein fruchtbarer, von gegenseitigem Respekt begleiteter Dialog entstand. Eine Vergangenheitsbewältigung gelang weitgehend.

Persönlich brisant war dieser Prozess deshalb, weil die Beteiligung der Protagonisten an der Nachkriegsgeschichte aufgerufen wurde. Wie sie sich den historischen Fakten gestellt haben und, was noch wichtiger ist, ob sie mit ihren Auswirkungen verantwortlich umgegangen sind, das waren wichtige Fragen. Im juristischen Sinne hatten sie keine Schuld auf sich geladen. Und moralisch haftet eine Person nur für das, was sie wirklich getan hat. Schuld und Moral sind personenbezogene Kategorien, keine kollektiven. Karl Jaspers lehnt deshalb den Begriff der Kollektivschuld ebenso ab wie die Richter der Nürnberger Prozesse, die den einzelnen vor einer solchen Vereinnahmung in Schutz nahmen. »Es gibt keinen Charakter eines Volkes derart, dass jeder einzelne der Volkszugehörigkeit diesen Charakter hätte« (Jaspers)[2], dieser Satz sollte im Gedächtnis bleiben.

Nach 1945 waren zahlreiche schmerzliche Auseinandersetzungen unumgänglich, die häufig erst erfolgen konnten, nachdem erbitterte Widerstände überwunden wurden. Anerkannt werden muss aber auch, wie intensiv das Thema Vergangenheit über die Jahrzehnte behandelt wurde, immer wieder neu, in unterschiedlichen wissenschaftlichen, kulturellen und politischen Zusammenhängen. Vieles ist dabei aufgedeckt und verarbeitet worden. Darin besteht eine bedeutende Leistung. Ihr kam zugute, dass der zeitliche Abstand zum Nationalsozialismus gewachsen war. Die unmittelbar Beteiligten lebten nur noch selten, spätere Generationen konn-

2 Jaspers 2016, S. 27.

ten sich freier und offener mit der Geschichte befassen. Die Mechanismen, die dies ermöglicht haben, sind bekannt. Es musste ein triangulärer Raum hergestellt und gesichert werden, der Distanz schafft und unterschiedliche Stimmen zu Wort kommen lässt. Es bedurfte eines geduldigen Zuhörens, das Ambivalenzen anerkennt und Schuldvorwürfe zügelt. Und auch des Wissens darum, dass es keine abschließende Wahrheit gibt.

Unaufgeklärtes gibt es nach wie vor, und nicht alles, was bekannt ist, kann psychisch integriert werden. Dem sind innere Grenzen gesetzt. Schuldgefühle lassen sich nicht abschließend bearbeiten und aus dem Weg räumen, zumal sie sehr vielfältige, auch unbewusste Quellen haben, die oft im Dunkeln bleiben. Sie gehören, wie die Psychoanalyse weiß, zum Menschen, aufgrund seiner genuinen inneren Konflikthaftigkeit, der er nicht entgehen kann. Das hat zur Folge, dass sich Schuldgefühle nicht immer richtig verorten lassen. Sie sind verschiebbar und können auch dort auftauchen, wo sie eigentlich gar nicht hingehören.

In den vergangenen Jahren haben sich die Klagen über eine schuldbesetzte Vergangenheit gehäuft, oft werden sie überaus lautstark vorgebracht. Die Ausführungen Dagmar Hänsels zur vermeintlichen nationalsozialistischen Fundierung der deutschen Sonderpädagogik sind ein Beispiel dafür. Inzwischen gehen sie über die deutsche Geschichte und das letzte Jahrhundert hinaus. Sie reichen jetzt sehr viel weiter zurück, über den Kolonialismus bis hin zu den ersten Sklaventransporten in die Vereinigten Staaten.

Vergangenheitsbewältigung und Schuld spielen bei den Postcolonial Studies, den Critical Whiteness- und Racial Studies eine zentrale Rolle. Die Postcolonial Studies wollen aufklären, welche kulturellen Dispositionen die koloniale Expansion und Herrschaft ermöglicht haben und wie sie bis in die Gegenwart hineinwirken. Ihr Blick richtet sich auf die ehemals kolonialisierenden Länder, ihre Geschichte und Motivation. Dadurch soll eine neue Perspektive eingenommen werden, die das Verständnis für koloniale Prozesse erweitert und ausdifferenziert. Wiederum, wie bereits in den Gender Studies, liegen allerdings wissenschaftliche Erkenntnissuche, Parteilichkeit und politischer Aktionismus nahe beieinander. Vor allem soll ein eurozentrisches Weltbild aufgedeckt werden, das von der Vorstellung eines universalen Fortschritts ausgeht, der von den westlichen Ländern repräsentiert wird. Der damit verbundene Missionsgedanke, so ist vielfach zu hören, sei Ausdruck eines Überlegenheitsgefühls, das andere Völker und Kulturen herabsetzen und sie bis heute unter ihr Joch zwingen will.

An diesem Punkt setzen auch die Critical-Whiteness-Studien an, die sich ebenfalls als wissenschaftliche Disziplin etabliert haben. Ihr zentrales

Anliegen: Weiße Menschen müssten sich ihrer Besonderheit bewusst werden und sich mit den Privilegien auseinandersetzen, die sie durch ihre Hautfarbe haben. Eine hegemoniale Sicht und rassische Hierarchisierungen sollen aufgedeckt werden, besonders in den Vereinigen Staaten aufgrund der Sklaventradition, aber auch in den europäischen Ländern. Das rassistische Denken sei tief im Inneren des Weißseins verankert, eine rassifizierte Gewaltbereitschaft fest im Unbewussten installiert, bis in die feinsten Verästelungen hinein, auch bei denjenigen, die sich als liberal und weltoffen erleben. Vor dieser Schuld könne sie niemand schützen, auch kein noch so starkes Engagement gegen Rassendiskriminierung, das rassistische Strukturen oft nur überdecken und unsichtbar machen soll. Deshalb sei es besonders gefährlich. Offen geäußerte rassistische Bekundungen ließen sich hingegen leichter bekämpfen.

Rassismus ist zu einem vieles überragenden Wort geworden. Der Begriff der Rasse diente ursprünglich der Einteilung von Menschen anhand biologischer Merkmale, die bevorzugt nach der Hautfarbe weiß, gelb, rot, braun oder schwarz erfolgte. Daran schloss sich häufig eine hierarchische Ordnung an, die Menschen als höher- oder minderwertiger einteilte, sie rühmte oder entwürdigte, ihnen Rechte zugestand oder verweigerte. Soziale Phänomene wurden aus der Rassenzugehörigkeit hergeleitet. Um das zu verhindern, enthält das Grundgesetz den Satz, niemand dürfe aufgrund seiner Rasse benachteiligt oder bevorzugt werden.

Im Laufe der Zeit hat sich dieser Begriff jedoch ausgeweitet und an Trennschärfe verloren. Er rekurriert jetzt nicht mehr allein auf Fakten, hält sie vielmehr zum Teil für entbehrlich und konzentriert sich auf Benachteiligungen, die infolge sozialer Konstruktionen zustande kommen sollen. Damit dehnt sich das Feld aus: Immer mehr Unterschiede geraten in den Blick, die belegbare Herabsetzungen abbilden können oder auch nur als solche empfunden werden.

Unstrittig ist, dass Diskriminierungen dort, wo sie real vorhanden sind, aufgedeckt und ihnen entschieden begegnet werden muss. Dem wird niemand widersprechen, der dem Grundgesetz, der demokratischen Ordnung und einer offenen Gesellschaft verpflichtet ist. Die Postcolonial Studies, die Critical Whiteness und Racial Studies können dazu beitragen, dass Unbekanntes zutage gefördert, Bisheriges überdacht und nicht mehr Haltbares aufgegeben wird. Das ist die verdienstvolle Seite. Unübersehbar sind aber auch erhebliche Schattenseiten, die inzwischen immer deutlicher hervortreten.

Der Anspruch der Postcolonial Studies, nur sie könnten Vergangenheit und Gegenwart aufklären, führt zu einer Diskursverengung. Zumal dann, wenn behauptet wird, nur Menschen einer bestimmten Hautfarbe seien dazu in der Lage. Der

Austausch mit benachbarten Disziplinen leidet darunter. Die Postcolonial-Studien bleiben isoliert, in sich selbst gefangen, ihre Ergebnisse begrenzt, sie werden nicht in größere Erkenntniszusammenhänge integriert.

Einer erfolgreichen kulturellen und politischen Verwertung steht das jedoch nicht im Weg. Das postkoloniale Denken verkündet einfache Wahrheiten, moralisch aufgerüstet und mit einer aggressiven Vorwurfshaltung gegenüber Andersdenkenden. Die Breitenwirkung, die es gemeinsam mit den Critical Whiteness und den Racial Studies erzielt, ist ganz erheblich, noch immer wird sie sträflich unterschätzt.[3] Eine Folge davon ist die Cancel-Kultur, die schon längst kein unbedeutendes Randphänomen mehr darstellt – weder innerhalb noch außerhalb der Universitäten.

Denkmäler werden gestürzt, Statuen wie die des Christopher Columbus enthauptet, Standbilder beschmiert. Straßennamen, die als historisch belastet gelten, sollen getilgt werden. Nicht in einer begrenzten Zahl wohlbedachter Fälle, sondern sehr viel grundsätzlicher als dekolonialisierte Umwertung der Geschichte. Das Vergangene soll nicht mehr als historisches Zeitzeugnis in Erscheinung treten, wenn es von heutigen Bewertungen und Empfindungen abweicht.

---

3 Fourest 2020, MacDonald 2018, Murray, 2019.

Ähnlich ergeht es Kunstwerken, Theaterstücken und Büchern. In Museen und Galerien werden Gemälde abgehängt. Der Vorwurf: sie seien sexistisch oder unsensibel und herablassend gegenüber nichtweißen Bevölkerungsgruppen. Am San Francisco Museum of Modern Art soll sich der Bestand zukünftig, wie in anderen Museen auch, nach Diversitätskriterien ausweisen. Der Kurator Gary Garrels, der sich ebenfalls dafür aussprach, aber weiterhin Werke weißer Künstler erwerben wollte, musste seine Stelle räumen. Sein Vergehen: er halte an weißen Überlegenheitsbekundungen fest. Künstlern wird anderenorts nahegelegt, sich keinen Themen anzunähern, zu denen sie aufgrund ihrer Hautfarbe nicht befugt sind. Zumindest müssten die »herrschenden Kulturen« die »Beraubten« um ihr Einverständnis bitten.

Die Aufführung eines Theaterstücks, Aischylos' die »Schutzflehenden«, wurde an der Pariser Sorbonne wegen kultureller Aneignung verboten. Die Schauspieler hatten sich schwarz oder weiß geschminkt. Die New Yorker Metropolitan Opera hat es aufgrund des Drucks der afroamerikanischen Gemeinde ebenfalls untersagt, dass sich Othello die Haut färben darf. Im Studiengang Musik der Universität Oxford wurden die Werke Mozarts und Beethovens aus dem Lehrplan gestrichen, weil sie aus der Zeit der Sklaverei stammen und schwarze Studenten verletzen könnten. Der Film »Vom Winde verweht« wurde vom Streamingdienst

HBO-Max aus dem Programm genommen, weil die Autorin, Margaret Mitchell, in ihrem Roman die Kolonialzeit glorifiziert habe. Unter Rassismusverdacht stehen inzwischen auch Platon, Aristoteles, Shakespeare, Schiller, Voltaire, Nietzsche, Kant und Hegel, weiterhin Houston Stewart Chamberlain, Hannah Arendt, Marc Twain, Charles Dickens, Oscar Wilde und viele andere mehr. Die Forderung nach »Trigger-Warnungen« ist in den Vereinigten Staaten weit verbreitet. Bücher sollen gekennzeichnet werden, falls Inhalte die Leser irritieren, verwirren und kränken könnten. Im Extrem droht ihnen, dass sie aus den Bibliotheken entfernt werden. Verlage stellen *sensitive readers* ein, die Texte überprüfen. Bücher werden infolgedessen umgeschrieben.

Der Vorwurf der kulturellen Aneignung lauert allerorten. Kulturelle Aneignung ist fast zur Gotteslästerung geworden. In Musik und Sprache, bei Kleidung und Frisuren, in der Essenszubereitung und in alltäglichen Gewohnheiten. Modedesigner können gezwungen werden, sich für kulturelle Anleihen zu entschuldigen. Wer sich zu Halloween schwarz schminkt oder zum Karneval das falsche Kostüm trägt, bekommt Schwierigkeiten, die bis zur Entlassung von Universitätspräsidenten reichen können. Quinn Simmons, ein 19jähriger Radprofi, wurde von seinem Rennstall suspendiert, weil er sich »brandgefährlich« und »schädlich« verhalten haben soll. Er hatte – als Weißer – eine Presseanfrage mit wenigen Worten beantwortet und seine

Mail mit einer schwarzen Emoji-Hand versehen. Firmenmanager sind in Gefahr, ihre Stelle zu verlieren, wenn sie auch nur in Details dem moralischen Konsens ihres Unternehmens widersprechen. Nicht nur den Journalisten, die bei der »New York Times« beschäftigt sind, kann es ähnlich ergehen.

Die vielen Einzelphänomene verdichten sich zu einem unerfreulichen Gesamtbild. Führend sind amerikanische Universitäten. An vielen Orten werden Hochschullehrer in ein strenges Verhaltenskorsett gezwungen. Sie müssen ständig wachsam sein: aufpassen, dass sie niemanden kränken, keine Mikroaggressionen ausstrahlen und schon gar keine kulturelle Aneignung begehen. In einem Raum, der von Empfindlichkeiten gefüllt ist, kann bereits das Feststellen einer Differenz, der Hautfarbe etwa, als ein erster Akt rassistischen Verhaltens gedeutet werden. Schon die Frage: »Woher kommst du?« wird dann zu einem Risiko. Wer dem nicht folgt, begibt sich in Gefahr, unabhängig von seiner Hautfarbe. Vom Rassismusvorwurf sind auch konservative schwarze Intellektuelle betroffen. Sie gibt es häufiger, als hierzulande bekannt ist.

Harald Uhlig, ein renommierter Ökonom, hatte sich auf Twitter kritisch zur Black Lives Matter-Bewegung geäußert und sie wegen ihrer Forderung, Polizeimittel zu streichen, unerwachsen genannt. Zudem soll er sich im Beisein eines schwarzen Studenten über den Martin Luther King Day mokiert haben. Als Chefherausgeber einer der bedeutendsten wirtschaftswissenschaftlichen Fachzeitschriften wurde er daraufhin suspendiert, die University of Chicago prüfte, ob er aufgrund seiner herablassenden und rassendiskriminierenden Äußerungen entlassen werden müsse. Mehr als fünfhundert Wissenschaftler hielten ihn, wie in einer Resolution festgehalten wurde, als führendes Mitglied der Zeitschriftenredaktion für nicht mehr tragbar. Niemand könne mehr sicher sein, ob Uhlig als privilegierter weißer Mann Beiträge fachlich neutral oder nach rassistischen Kriterien beurteile. Autoren würden sich deshalb weigern, dort zu publizieren. Letztlich durfte Uhlig seine Lehr- und Forschungstätigkeit doch noch fortführen, unter anhaltendem Protest vieler angesehener Fachkollegen. Seine berufliche Existenz wurde nicht zerstört. Im Gegensatz zu vielen anderen, über die Heather Mac Donald berichtet. Sie wurden entlassen, ausgestoßen als Kräfte einer finsteren rassistischen Welt.

Weiße Privilegien, diese Bezeichnung ist zu einem Kampfbegriff geworden. Wer weiß ist und (damit) privilegiert, soll sich zu der Schuld, die er verkörpert, bekennen. An einigen amerikanischen Universitäten wird das Lehrpersonal deshalb auf eine Bühne gebeten, besser wohl: dorthin gezwungen, um seine Privilegien darzulegen und sich zu entschuldigen. Doch nicht nur dort: »So ist es im angelsächsischen Raum mittlerweile üblich, dass Redner im Rahmen von öffentlichen Veranstaltungen aufgefordert werden, ihre angeblichen Privilegien offenzulegen.«[4] Hinsichtlich ihrer Hautfarbe, des Geschlechts, der sexuellen Orientierung, des Bildungshintergrunds oder auch ihres Vermögens. Wer schuldig gesprochen wird, steht öffentlich am Pranger, wehren kann er sich kaum noch. Die anderen, die sich unschuldig fühlen, triumphieren.

Diese binäre Weltsicht erfüllt verschiedene Funktionen. Sie erlaubt subjektive Gewissheiten, verspricht Halt und Orientierung in einer komplexen, in ihren historischen und kulturellen Umbrüchen schwer durchschaubar gewordenen Welt. Zur Vereinfachung werden historische Phänomene so betrachtet, als seien sie soeben geschehen und nur nach heutigen, den jeweiligen Gefühlslagen entsprechenden Maßstäben bewertbar. Die Geschichte glättet sich dadurch, Brüche und Verstrickungen treten zurück, sperrige Fakten verlieren an Bedeutung. Teile der Vergangenheit, so will es die Cancel-Kultur, sollen aus dem Gedächtnis gestrichen werden.

Die Urteile, die daraufhin gefällt werden, fallen ebenso eindeutig wie unerbittlich aus. In der Kolonialgeschichte werden Täter und Opfer fein säuberlich voneinander getrennt. Einen innerafrikanischen und arabischen Sklavenhandel scheint es nie gegeben zu haben und auch keinen jahrzehntelangen westlichen Kampf, etwa des Britischen Empire, gegen die Sklaverei. Alles, was der

4 Ingold 2020, S. 17.

Westen getan hat, ist dem antikolonialen Narrativ zufolge schlecht, mit dem heterosexuellen weißen Mann an der Spitze, dem Inbegriff alles Bösen. Die Erbschuld reicht bis in das letzte Glied. In einer gespaltenen Welt stehen sich die Guten und die Schlechten gegenüber. Rassismus gegen Weiße gibt es nicht, aber alle Weißen sind Rassisten, oder sie stehen ihnen zumindest nah. Sie müssen es geradezu sein, wie DiAngelo als Professorin für multikulturelle Bildung behauptet, weil sie in einer rassistischen Kultur aufgewachsen seien. Diese Schuld beginnt mit der Geburt und währt ein Leben lang. So empfindet es auch die US-Schauspielerin Rosanna Arquette: »Es tut mir leid, dass ich weiß und privilegiert geboren wurde. Es ekelt mich an. Ich schäme mich so sehr.«[5] Eine Erlösung davon gibt es für die allermeisten Weißen nicht. Allenfalls, wer den aktiven Kampf gegen den Rassismus als lebenslange Verpflichtung aufnimmt, darf sich dem Land der Unschuld annähern und dort um Aufnahme bitten. Auf der anderen Seite der Grenze leben diejenigen, die als Teil einer Stammeslinie über Jahrzehnte und Jahrhunderte als Opfer ihre Reinheit bewahrt haben. Entschädigungsansprüche werden deshalb besonders vehement eingefordert, selbst wenn sie größte historische Distanzen überspringen.

Die Sehnsucht nach einer spannungs- und schuldbefreiten Welt findet in den *safe spaces* ihren Ort.

---

5 nach Fourest 2020, S. 126.

Aus diesen abgeschirmten Wohlfühlzonen sollen alle Kränkungen ferngehalten werden, die vom Alltagsleben ausgehen. Quälende Mikroaggressionen müssen verhindert werden, Fragen und Debatten ausbleiben, die Überzeugungen und Identitäten irritieren können. Das gute Eigene soll bewahrt werden. Insofern stellen die sicheren Plätze einen Ort der Konfliktvermeidung par excellence dar, einen Abschottungsversuch vor einer komplexen und widersprüchlichen Welt.

Die Suche nach einem ungestörten Raum, der Gegenwart und Vergangenheit bannt, wird von einer permanenten Kampfbereitschaft gegenüber der Außenwelt begleitet, die als bedrohlich und gefährlich gilt. Rassismus, Sexismus, Nationalismus, Entwertungen und Bedrohungen lauern überall. Deshalb muss die Gesellschaft permanent überwacht und kontrolliert werden, bis in Details von Sprachregelungen hinein. Das gelingt nur dann, wenn immer mehr Machtpositionen besetzt und verteidigt werden. Dass die Rechte anderer dabei bisweilen massiv beschnitten werden, wird als Notwehr aufgefasst, um eine gerechte Welt zu sichern. Nur so könnten die Machtlosen ihre berechtigten Interessen vertreten. Viele amerikanische Studenten teilen inzwischen diese Auffassung. Die aggressiven Energien, die dabei zum Einsatz kommen, sind beträchtlich, die dahinterstehende Triebbefriedigung ist es auch.

Ohne dass Ambivalenzen ausgehalten, Spannungen und Widersprüche akzeptiert werden, ist keine Vergangenheitsbewältigung möglich. Einen ungestörten Urzustand gibt es nicht, er kann deshalb auch nicht wieder hergestellt werden. Das anzunehmen, wäre eine gefährliche Illusion. Die »goldene Fantasie« eines unbeschwerten Neuanfangs zerbricht früher oder später, an der äußeren ebenso wie an der inneren Realität, auch wenn noch so viele Erinnerungen und historische Dokumente getilgt werden. Die Geschichte kann nur so redlich wie möglich, bearbeitet werden. Mit Unauflösbarem und Schuldgefühlen muss wohl oder übel gelebt werden.

Die Spaltungen, die anderenfalls eintreten, können fatale Folgen haben. Die Gefahr einer neuen »kulturellen Apartheid«, wie Jason D. Hill[6] sie nennt, steht im Raum. Dazu ein besonders krasses Beispiel. Judith Butler sieht in der erzwungenen Verschleierung von Frauen keinen Gewaltakt, keine Einschränkung einer freien Lebensform. Sie hält sie im Bündnis mit starken postfeministischen Kräften für einen emanzipatorischen Akt, der es Frauen ermöglicht, sich vor den Zumutungen der westlichen Welt zu schützen. Eine Umkehr des Täter-Opferverhältnisses findet sich auch dann, wenn körperliche Verletzungen wie Genitalverstümmelungen im Namen des Kulturrelativismus gerechtfertigt werden. Mit der Begründung, dass andere Kulturen nicht

6 Hill 2018.

ihrer Eigenart beraubt und fremden, kulturimperialistischen Bewertungen unterworfen werden dürfen. Aus dieser Sicht erscheint die genitale Verstümmelung »nicht deshalb grauenhaft, weil sie es ist, sondern weil der Westen sie damals – im Zuge seiner kolonialen Überlegenheit – als eine ›barbarische Tradition‹ stigmatisierte.«[7]

Menschen werden erneut nach der Hautfarbe, ihrem Geschlecht, ihrer Herkunft sortiert. Die verschiedentlich erhobene Forderung, das Rederecht solle nach diesen Kriterien erteilt werden, ist nur ein Beleg dafür. Mitunter wird sogar die Frage aufgeworfen, ob sich diejenigen, die keine »People of Color« sind, überhaupt zu Themen wie Sklaverei und Rassismus äußern dürften. Bei Publikationen wird, ganz dem eindimensionalen Denken verpflichtet, ein Kampf zwischen Schwarz und Weiß beschworen. Er mündet in Padilla Peraltas Satz: »Weiße Männer werden das Privileg aufgeben müssen, dass ihre Produkte gedruckt und verbreitet werden.«[8] Diese Äußerung ist kein verirrter Einzelfall, sondern Ausdruck eines Mentalitätswandels, der kleine Gruppierungen längst verlassen hat. Eine »Whiteness Supremacy« durchdringe unser Leben, und unbewusste Vorurteile (»unconscious bias«) gegen Schwarze seien allgegenwärtig. Gängigen Bewertungen wird deshalb misstraut, auftretende

---

7 Basad 2018, S. 13.

8 nach Rebenich 2020.

Differenzen gelten als Ausdruck eines strukturellen Rassismus.

Infolgedessen werden immer mehr Sonderrechte eingefordert. So zum Beispiel bei Benotungen und der Quotierung von Arbeits- und Studienplätzen, auch wenn sie sich vom Leistungsprinzip abkehren. Faktisch wird bereits so verfahren, vor allem in den Vereinigten Staaten. Vorzugsbehandlung statt Gleichberechtigung, das unantastbare Besondere anstelle von Gemeinsamkeit, dieses Ansinnen würde Martin Luther King zutiefst schockieren.

Grenzen

»Man kann sich Kultur nur als ein System der Unterschiede und Humanität nur als Differenziertheit denken.«

Norbert Bolz[1]

GRENZEN finden sich im Persönlichen, in Beziehungen, im Sozialen, der Ökonomie und nicht zuletzt zwischen Staaten, Kulturen und Religionen. Die Möglichkeiten eines Menschen richten sich nach seinen Talenten und seinem Willen, seiner psychischen und körperlichen Konstitution, dem Alter und vielen anderen Faktoren, eingebunden in jeweilige Zeitumstände, die manches gestatten und anderes verhindern. Glückliche Umstände können den beruflichen Werdegang fördern, erzwingen lassen sie sich nicht, auch nicht durch Quotierungen, die sich zukünftig noch ausweiten werden. Grenzen bestehen im Zwischenmenschlichen: Beziehungen können nicht beliebig gestaltet werden, sie sind an Voraussetzungen gebunden, über die der einzelne häufig nicht frei verfügt. Nicht alle Wünsche werden erfüllt, vor allem wenn es um sehr Persönliches geht; die Liebe folgt ihrer eigenen nicht steuerbaren Logik. Und es gibt Grenzen, die aus sozialen Bindungen und Verpflichtungen resultieren, sowie

1 Bolz 2009, S. 31.

solche, die sich aus den ökonomischen Lebensumständen ergeben. Grenzen im großen gesellschaftlichen Rahmen kommen hinzu.

Eine Welt ohne Grenzen ist dennoch zu einem großen Traum geworden. Staatsgrenzen sollen bedeutungslos werden (»no borders«), trennende kulturelle und religiöse Differenzen problemlos nebeneinander existieren oder mühelos miteinander verschmelzen. Damit korrespondiert die Vorstellung, die Gesellschaft ließe sich grundsätzlich neu konstituieren, sie könnte wahrhaft inklusiv, allumfassend gerecht und von der Last der Vergangenheit befreit werden. Ohne Benachteiligungen, ohne Behinderungen, ohne die bisherige Geschlechterordnung, die als binär kritisiert wird und einem fließenden Kontinuum weichen soll. Im Hintergrund geht es um weit mehr: Aufgerufen wird die Phantasie einer nahezu allmächtigen Gestaltungskraft, der Wunsch nach einer unbegrenzten Verfügungsgewalt über das Leben, der keine Grenzen mehr kennt. »Menschen, die sich weigern, als männlich oder weiblich bezeichnet zu werden, sind die Pioniere einer Menschheit, die nicht durch irgendein Substrat begrenzt ist. Es gibt eine Entwicklungslinie von transgender zu transhuman«, schreibt die Transfrau Martine Rothblatt, zugleich Vorstandsvorsitzende eines Pharmaunternehmens.[2]

2 nach Thiel 2021, S. 9.

Weitreichende Befreiungsphantasien knüpfen sich auch an die technologische und medizinische Entwicklung. Zum Teil werden sie bereits in der Realität eingelöst. Mit Hilfe des Genom-Editings (auch: Genom-Chirurgie) lassen sich einzelne Gene verändern, reparieren oder austauschen. Föten können im Reproduktionsgang nach bestimmten Kriterien genetisch maßgeschneidert werden, so dass Wunschkinder aus dem Reagenzglas entstehen, Designerbabys nach Bauplan. Bestimmte Erbgänge und genetische Konstellationen können durch Implantationsdiagnostik und -medizin ausgeschlossen werden. Kinder mit bestimmten organischen Behinderungen erblicken dann nicht mehr das Licht der Welt. Oder im Ausnahmefall gezielt doch, wenn gehörlose Eltern dies wünschen.

Doch diesen Eingriffen sind Grenzen gesetzt. Sobald die genetisch gesteuerten Kinder auf die Welt kommen, stehen sie vor den gleichen Entwicklungsaufgaben wie alle anderen Kinder. Auch sie sind zu Lebensbeginn im höchsten Maße abhängig, angewiesen auf ihre engsten Bezugspersonen, geprägt durch ein frühes Bedürfnis nach Schutz und Bindung. In jedem weiteren Schritt müssen sie sich ebenfalls mit den üblichen altersspezifischen Entwicklungsaufgaben auseinandersetzen. Den inneren und äußeren Konflikten, die dabei entstehen, kann niemand entfliehen. Das Unbewusste lässt sich nicht wegkommandieren. Das ist ein universelles Gesetz, das nicht außer Kraft gesetzt werden kann. Allumfassende Machbarkeitsträume, die sich insbesondere an die »Designer-Babys« knüpfen, werden sich deshalb bescheiden müssen.

Auch die ödipale Entwicklungsaufgabe ist für jeden Menschen unumgänglich. Ihre Bedeutung als übergeordnetes Ordnungsprinzip wird häufig verkannt. Reimut Reiche bezeichnet den Ödipuskomplex »als das Nadelöhr, durch das alle hindurch müssen, weil sie von einem Vater gezeugt und von einer Mutter geboren worden sind«.[3] Dieser Satz verrät, dass es hier um unhintergehbare Fakten des Lebens geht, Reproduktion, Herkunft und Geschlechtlichkeit. Das binäre Modell ist der Motor allen Weiterlebens, die Differenzierung der Generationen und Geschlechter der entscheidende Inhalt des Ödipuskomplexes. Die körperliche und sexuelle Nähe der frühen Jahre findet ein Ende, eine Generationengrenze muss anerkannt werden. Zugleich erfolgt eine (fast immer) abschließende Selbstdefinition als Junge oder Mädchen, die unabhängig von einer späteren heterosexuellen, homosexuellen oder bisexuellen Objektwahl ist.

Die Ödipalität ist kein Entwicklungsschritt, der gleichrangig neben anderen steht. Sie erfüllt eine besondere, psychisch und sozial strukturbildende Funktion, indem sie sich mit dem Begehren und dem Gesetz auseinandersetzt. Das Verbot der Sexualität zwischen den Generationen ist dabei von

---

3 Reiche 1990, S. 57.

fundamentaler Bedeutung. Inzestuöse Beziehungen stellen ein ubiquitäres kulturelles Tabu dar. Der ödipale Komplex trägt entscheidend zu einer Gewissensbildung bei, die destruktive Neigungen und Impulse kontrolliert und steuert. Darauf ist die Gesellschaft angewiesen, auch darin besteht ein wichtiges Kulturgebot. Die im Ödipalen enthaltene Triangularität überwindet eine Befangenheit in sich selbst, die nur das Eigene kennt und sich dem Dritten verschließt. Sie ist eine Grundbedingung für das Denken und die Selbstreflexion. Sie ermöglicht eine symbolische Ordnung, die sich in der Sprache und im Diskurs repräsentiert.

Die konkreten Ausformungen des ödipalen Geschehens haben sich seit der Theoriefassung vor mehr als hundert Jahren beträchtlich verändert. Die Beziehung der Geschlechter ist eine andere geworden, im Rollenverständnis, in der sozialen Stellung, in den gegenseitigen Erwartungen. Von der ehemals dominierenden männlichen Position, die nicht in Frage gestellt werden durfte, ist nicht mehr viel übrig geblieben. Bereits 1963 beschrieb Mitscherlich einen männlichen Funktions- und Machtverlust (»Die vaterlose Gesellschaft«), der sich seitdem fortsetzt. Eine autoritäre Unterordnung der Kinder wird heute nur noch selten verlangt und mit der Sexualität insgesamt freier umgegangen. Auseinandersetzungen verlieren dadurch, zumindest äußerlich betrachtet, an Schärfe. Hinzu kommt, dass biologische Abstammung und soziale Fürsorge ihre ehemals enge normative Bindung aufgegeben haben. Patchwork- und Regenbogenfamilien werden weithin akzeptiert.

All diese Veränderungen führen aber nicht dazu, dass das Ödipale seine psychisch strukturierende und kulturstiftende Bedeutung verliert. Reproduktion, Generation und Geschlecht bleiben als anthropologische Konstanten erhalten, mit all den genannten Folgen. Dabei ist es nicht entscheidend, ob Kinder bei Alleinerziehenden oder in gleichgeschlechtlicher Elternschaft aufwachsen. Es kommt vielmehr darauf an, dass eine unumgängliche Entwicklungsaufgabe gelöst wird.

Ein fundamentaler Irrtum besteht in der Annahme, das ödipale Prinzip würde aufgrund zeittypischer Veränderungen und eines weltanschaulichen Wandels an Bedeutung verlieren oder könne sogar außer Kraft gesetzt werden. Gefordert wird das sehr wohl: Die Ödipalität sei eine rückwärtsgewandte patriarchale Erfindung, die Frauen in einer inferioren Position halten und Zweigeschlechtlichkeit erzwingen wolle. Dieses Machtinstrument müsse abgeschafft werden, denn reparabel sei das ödipale Gebäude nicht. Es begrenze, in welcher Form immer, die freie Selbstentfaltung. Die symbolische Ordnung, für die das Ödipale steht, sei nichts anderes als eine überwindbare autoritäre Verfügung.

Jede Relativierung oder Aushebelung symbolischer Ordnungen führt zu schweren Verlusten. Ordnende

Strukturen müssen deshalb aufrechterhalten, gestärkt und gegen Angriffe verteidigt werden. Ein Konsens über grundlegende und verbindende Werte ist dabei unerlässlich. Zum Beispiel darüber, dass jeder Mensch die gleichen Rechte hat und sich frei äußern kann, ohne dass er darin beschnitten, deswegen unter Druck gesetzt oder bestraft wird. Dialoge verdienen ihren Namen nur dann, wenn sich die Beteiligten gegenseitig tolerieren und anerkennen, dass ein Ringen um die besten Argumente notwendig und sinnvoll ist. Gerät ein solcher Konsens ins Wanken, verengt sich der Diskursraum oder bricht ganz zusammen, eine konstruktive Verständigung wird unmöglich. Eine archaische Rivalität, die herabsetzt und schädigt, ersetzt eine dialogfördernde Konkurrenz.

Beispiele dafür gibt es viele, aufgrund einer falsch verstandenen politischen Korrektheit und vor allem durch eine Cancel-Culture, die sich immer weiter ausbreitet. Dem neuen Machtstreben sind kaum noch Grenzen gesetzt. Bisher sicher geglaubte Barrieren, die den einzelnen schützen sollen, werden in der Gewissheit aufgelöst, dazu moralisch legitimiert zu sein – bis hin zu offensichtlichen Rechtsverstößen.

»Eben weil der neue Moralismus sich selbst nicht als Ideologie sieht, sondern als Lehre des evident Guten, entwickelt er besonders penetrante Formen, den weltanschaulichen Gegner zu diskreditieren.«[4]

4 Grau 2017, S. 45.

Personen und Haltungen, die den eigenen Zielen entgegenstehen, dürfen und müssen deshalb aus dem Weg geräumt werden. Erst wenn sie besiegt sind, könne eine befreite Gesellschaft entstehen, die kaum noch Grenzen kennt, eine »geliftete Welt, ohne Narben, aus der das Böse auf wundersame Art und Weise verschwunden ist«.[5] Alle Menschen wären dann in einem homogenen Humanismus vereint. Ohne die Zwänge einer repressiven Gesellschaft, ohne Kränkungen, Mikroaggressionen und projektive Unterstellungen.

Nach Greg Lukianoff und Jonathan Haidt[6] hat die Erziehung der letzten Jahrzehnte wesentlich dazu beigetragen, dass sich diese Wünsche und Sehnsüchte ausbreiten und zudem für erreichbare Ziele gehalten werden. Ganz dem Individuum, der Authentizität und der Selbstentfaltung verpflichtet, sollen Kinder in einem beschützten Klima aufwachsen, das ihren Bedürfnissen entspricht und sie von Belastungen und Konflikten verschont. Ihre Innenwelt genießt einen besonderen Schutz. Gefühle sollen sie ernst nehmen, dazu werden sie immer wieder aufgefordert. So ernst, dass sie die entscheidende Leitlinie ihres Handelns bilden. Niemand darf sie hinterfragen, Begründungen und Erklärungen erwarten, sich ihnen entgegenstellen. Damit verbunden sind moralische Ansprüche: Sie fordern dazu

---

5 Debray 2016, S. 15.
6 Lukianeff/Haidt 2018.

auf, sich im Kampf zwischen den Guten und den Schlechten auf die richtige Seite zu stellen. Auseinandersetzungen werden deshalb personalisiert und persönliche Befindlichkeiten in ihr Zentrum gestellt. Für ein abwägendes Ringen um die besten Argumente fehlt der innere Raum, die narzisstische Befangenheit ist zu groß.

Bei direkten Ableitungen ist jedoch Vorsicht geboten. Von beobachtbaren Verhaltensweisen kann nicht auf die psychische Tiefenstruktur geschlossen werden. Wer sich narzisstisch oder anderswie gebärdet, muss es in seinem Inneren noch längst nicht sein. Es stellt sich deshalb die Frage, ob und inwieweit demonstrativ zur Schau gestellte Affekte und Sensibilitäten wirklich dem inneren Erleben entsprechen. Das kann der Fall sein, häufig ist jedoch von Dramatisierungen und Inszenierungen auszugehen, die sich entsprechender Inhalte bedienen, aber ganz anderen Quellen entstammen. Ihr funktionaler Zweck ist unübersehbar: Er dient dazu, dass Ansprüche geltend gemacht und durchgesetzt werden. Die Ausführungen zu Inklusion, Gender, Identitätspolitik und Vergangenheitsbewältigung haben gezeigt, wie stark ein durch Sensibilitäten aufgerüsteter Machtanspruch sein kann, wie sehr er sich dadurch Bedeutung verschafft, dass er andere in das grelle Licht des moralisch Illegitimen stellt. Der Gewinn, der sich daraus ergibt, ist beträchtlich: politischer und kultureller Einfluss, die Sicherung finanzieller Mittel, Quotenregelungen und Konkurrenzvorteile, die Ausgrenzung von Mitbewerbern. Ein solches Ergebnis entsteht nicht zufälligerweise. Es ist die Folge einer hohen Durchsetzungsfähigkeit, die von einiger Realitätstüchtigkeit zeugt. Das spricht nicht für die wenig belastbare These, es sei auf breiter Ebene zu einem psychischen Funktionsverfall gekommen.

Dennoch lohnt es sich, in Anlehnung an Lukianoff und Haidt über pädagogische Grenzverluste nachzudenken. Zum Glück ist die autoritäre Weisung früherer Jahrhunderte längst überwunden. Kindliche Bedürfnisse werden jetzt viel stärker wahrgenommen und dialogische Beziehungen angestrebt. Das Verhältnis zwischen den Generationen stellt sich offener und entspannter dar. Diese Entwicklung bleibt aber nicht ohne Risiken. Dem Erziehungsbegriff schlägt inzwischen eine frostige Reserviertheit entgegen. So, als gehe es immer noch darum, die Gefahren vergangener autoritärer Zeiten abzuwehren.

Erziehung beruht, das darf nicht übersehen werden, auf einer generationalen Differenz, unabhängig davon, welchem Erziehungsverständnis gefolgt wird. Die Erwachsenen lenken Kinder in eine bestimmte Richtung, sie bahnen Wege und sehen von anderen ab. Zeittypisch bereitet das Unbehagen: Erziehung erscheint nicht mehr hinreichend legitimiert, vor allem als ein gefährliches Terrain, auf dem sich die Erziehenden schuldig machen können. Häufig fürchten sie, die Kinder durch ein abgrenzendes Nein gegen sich aufzubringen, gekoppelt an die Sorge, die Beziehung könne dadurch Schaden nehmen. Die Erwachsenen ziehen sich deshalb aus dem Erziehungsgeschehen zurück. Ziele und Erwartungen formulieren sie nur noch zögerlich. Generationale Unterschiede schwinden. Grenzen können sich so verwischen, dass die angestrebte Partnerschaftlichkeit in eine differenzarme Geschwisterlichkeit mündet. Dann ist nicht mehr klar, wer eigentlich wofür verantwortlich ist. Im Extrem verkehrt sich das Generationenverhältnis. Die Älteren müssen sich bewähren und nicht die Jüngeren, wie Regis Debray[7] bemerkt. »Es sind nicht mehr die Junioren, die sich um ihr Fortkommen sorgen und den Senioren den Hof machen, sondern letztere müssen ersteren hinterherlaufen, um nicht ihr Gesicht zu verlieren.«

Kindern und Jugendlichen wird heute ein hohes Maß an Autonomie und Selbstverantwortlichkeit zugeschrieben. Sie sind demzufolge in der Lage, wesentliche Entscheidungen aus sich heraus zu treffen. Ihr Leben organisieren sie in weiten Bereichen selbst, Entwicklungswege bahnen sie eigenständig. Mit vielfältigen Kompetenzen und den notwendigen inneren Kräften ausgestattet, sollen sie auf äußere Strukturierung und Erziehung kaum noch angewiesen sein. Sie brauchen andere nur wenig.

7 Debray 2020, S. 13.

Ganz neu ist dieser Blick auf die Kindheit nicht. Bereits vor einem Vierteljahrhundert wurde das »selbständige Kind« im Zehnten Kinder- und Jugendbericht der Bundesregierung beschworen.

Begleiten ist zu einem hohen Wert geworden. Es soll sich an den kindlichen Bedürfnissen orientieren, bedarfsgerecht sein und ohne Zwang auskommen. Lenkung und Anforderungen gelten demgegenüber fast schon als anstößige Begriffe, die immer mehr an Ansehen verlieren. Diese Entwicklung kann nicht nur dem Elternhaus angelastet werden, als ein persönlicher Rückzug von einem Erziehungsauftrag. Sie folgt auch offiziellen politischen Leitlinien. An höchster Stelle, in einzelnen Schulgesetzen, ist vom Lehrer als Coach die Rede, der Lernangebote arrangiert und sich als Lernbegleiter den kindlichen Lernbedürfnissen zur Verfügung stellt. Seine gestaltende und steuernde Funktion wird dadurch in Frage gestellt. »Das gesamte Verständnis von Schule ist heute durchdrungen von der Vorstellung, die Lehrkraft solle nicht das Zentrum des Unterrichts sein«, so dass Schüler »im Klassenzimmer fast wie Autodidakten agieren, denen ab und an ein freundlicher Beobachter assistiert«.[8] Diesem Leitgedanken sind alle Formen der »Neuen Lernkultur« verpflichtet.

Eine intensive Auseinandersetzung mit einem signifikanten Gegenüber gerät dadurch immer stärker in den Hintergrund. Und damit ein lehrendes

8 Kaube 2019, S. 221.

Generationenverhältnis, das Dialoge eröffnet, gemeinsames Nachdenken fördert und ein Ringen um richtige Lösungen ermöglicht, ohne Angst vor Sanktionen, ohne Aufforderung zur Selbstzensur. Die ältere Generation gibt der jüngeren etwas Wertvolles und Bewahrenswertes weiter, indem sie sich auf etwas Drittes bezieht, auf verbindende und verbindliche Spielregeln, Erkenntnisse und Gesetze. Für die Entfaltung der Persönlichkeit und die Konstitution von Subjektivität ist das höchst bedeutungsvoll. Diese Struktur darf nicht gefährdet werden. Geschieht das dennoch, wird Kindern ein erkenntnisfördernder Raum und haltgebendes Gerüst entzogen. Auf sich selbst zurückgeworfen, verkümmern ihre Entwicklungspotentiale. Sie bleiben hinter ihren Möglichkeiten zurück.

Damit ist eine nicht nur für das Erziehungsgeschehen bedenkliche Situation eingetreten. Furedi[9] beschreibt in seinem Buch »Why borders matter«, warum persönliche, soziale, juristische und staatliche Grenzauflösungen schädlich sein können und Grenzen prinzipiell unverzichtbar sind. Sie werden, so Furedi, als ein Bezugs- und Ordnungssystem benötigt, das vor Irritationen bewahrt und Sicherheit schafft, vor Übergriffen schützt und Freiheiten garantiert, ein freies und friedliches Zusammenleben ermöglicht. Dann können unterschiedliche Lebens-

---

9 Furedi 2021.

formen akzeptiert, kontroverse Überzeugungen und Haltungen toleriert werden.

Ein gesellschaftliches Klima, das Freiheit, Toleranz und Offenheit verbürgt, benötigt einen »Vorrat an kultureller Selbstverständlichkeit« (Axel Bernd Kunze). Es bedarf eines gemeinsamen Fundaments, das sich nicht beliebig ausdehnen lässt, verbindender und verbindlicher Werte, die etwas zulassen und anderes ausschließen. Damit sind Grenzsetzungen aufgerufen, Einschränkungen und Verbote, ohne die keine Gesellschaft auskommt, die Sicherheit und Freiheitsrechte garantieren will. Die geltenden Gesetze ordnen das Zusammenleben, sie sind allgemein verbindlich. Niemand darf strafrechtliche Grenzen überschreiten und das Recht in Frage stellen. Selbst wenn er davon überzeugt ist, die eigene Moral, die sich bis zur Hypermoral steigern kann, gebiete ihm dies. Eine »Moralisierung des Rechtsempfindens«, die Hans-Jürgen Papier, der ehemalige Präsident des Bundesverfassungsgerichts, beobachtet und beklagt, ist nicht hinnehmbar. Papier meint damit »die Aufgabe von allgemein verbindlichen Rechtsprinzipien zugunsten einer Haltung, die für sich eigenes, subjektives Recht beansprucht, das aus moralischen Argumenten abgeleitet wird«.[10] Das Recht darf nicht zur Privatsache erklärt werden. Hier ist ein entschiedener Einspruch vonnöten.

---

10 Papier 2019, S. 104.

Nach Furedi[11] beruhen Grenzauflösungen und Entgrenzungen auf einer »Kultur der Angst«, die sich umso weiter ausbreitet, je stärker sie einem grenzenlosen Zeitgeist (»boundaryless zeitgeist«) verpflichtet ist. Tiefgehende Verunsicherungen und Überforderungen stellen sich ein. Sie führen dazu, dass neue festverfugte Grenzmauern errichtet und hartnäckig verteidigt werden. Das Bedürfnis nach persönlichen und sozialen Schutzschildern ist ungewöhnlich groß. Begleitet von Regelwerken, speziellen Sprachcodes, Erlebens- und Verhaltensdirektiven, über deren Einhaltung rigide gewacht wird, damit bloß nichts Verunsicherndes zutage tritt. Lebendigkeit und Spontaneität leiden darunter. Ein neues Ordnungssystem, ein Zwangssystem womöglich, ist an die Stelle alter Strukturen getreten. Außerhalb des eigenen Kosmos gilt allerdings nach wie vor die Parole »no borders«.

Über dieses Paradoxon kann sich nur wundern, wer nicht weiß, dass »jede weitere Freiheit eine neue Unfreiheit nach sich [zieht], jede Selbstermächtigung eine neue Unterwerfung, jeder Fortschritt einen neuen Verlust«.[12] Einerseits versteht sich die Gesellschaft als besonders permissiv, sie will freier und toleranter sein denn je zuvor. Tabus scheint es kaum noch zu geben. Auf der anderen Seite ist sie in einer Weise repressiv geworden, die noch

11 Furedi 2021.
12 Haberl 2019, S. 54.

vor wenigen Jahren kaum vorstellbar war. Es wird streng darüber gewacht, was noch in den Rahmen des Zulässigen gehört oder ihn überschreitet, was noch gesagt oder geschrieben werden darf und was nicht. Dieses Anliegen dringt machtvoll in den öffentlichen Raum ein, ihm zu folgen soll zur allgemeinen Pflicht werden.

Als besonders unzeitgemäß, moralisch verwerflich und oft gar inhuman gelten Grenzen, die Nationen voneinander trennen. Dabei sorgen Staatsgrenzen, wie bereits Hannah Arendt wusste, für einen Raum, der das Zusammenleben auf überschaubare Weise regeln und Freiheitsrechte garantieren kann. Die Rechtsordnung demokratischer Staaten schützt die Bürger und sorgt für ihre Sicherheit. Sie respektiert unterschiedliche Lebensformen, Weltanschauungen und Religionen dadurch, dass sie sich ihnen gegenüber neutral verhält. Die soziale Absicherung der Bevölkerung ist eine weitere staatliche Aufgabe. Das setzt eine gegenseitige Verantwortlichkeit voraus. Fundamentale Regeln und Verpflichtungen müssen akzeptiert und eingehalten werden.

Das Bedürfnis nach einer sozialen und kulturellen Beheimatung sollte nicht unterschätzt werden, insbesondere in Zeiten, die mit vielen Ungewissheiten einhergehen. Ein Gemeinwesen, das handlungsfähig bleiben und für Neues offen sein will, muss sich seiner kulturellen Herkunft versichern. Überlieferungen und Lebensstile, Erinnerungen und über Jahrhunderte gewachsene kulturelle Produktionen prägen das Zusammenleben. Sie ergeben ein Gefühl von Zugehörigkeit und Verbundenheit. Wie wichtig die Solidargemeinschaft in einem Staat ist, hat die Corona-Pandemie erneut gezeigt. Grenzen können nicht beliebig ausgedehnt oder gar gänzlich aufgelöst werden. Nationale Grenzen setzen keine homogene Bevölkerung voraus, das ist ein Irrglaube. Und ein positiver Bezug zum eigenen Land bedeutet nicht zwangsläufig eine nationalistische Erhöhung über andere. Deshalb gilt: »Der Staat ist keine erledigte historische Größe.«[13]

Wiederum zeigt sich, dass der Zeitgeist der Grenzlosigkeit mit der Lebenswirklichkeit in Konflikt gerät. Ideale werden auch hier gegen die Realität verteidigt. Gegenwärtig finden sich in vielen Lebensfeldern rasante Veränderungen, die der schnelle kulturelle Wandel ermöglicht oder erzwingt. Sinnvoll gestalten kann sie nur, wer anerkennt, dass Grenzen aufgrund ihrer strukturierenden Funktionen unerlässlich sind. Partiell lassen sie sich anders ausgestalten oder neu definieren, dafür gibt es im einzelnen gute Gründe. Prinzipiell aufgehoben werden können sie aber nicht. Diese Einsicht fällt heutzutage oft schwer. »Alles, was an Bewahren, Erhalten, Tradition oder Weitergabe erinnert, wird für verdächtig erklärt.«[14] Auf der Höhe der Zeit darf

---

13 Thierse 2021, S. 9.
14 Liessmann 2017, S. 19.

sich nur derjenige fühlen, der auf Bewegung setzt und nicht am Herkömmlichen festhält.

Zu Recht wird beklagt, dass es zu einem Verlust an Selbstgewissheit gekommen ist. Die eigene Tradition erscheint häufig nicht mehr als wirklich wertvoll. Die Errungenschaften früherer Generationen, obgleich oft schwer erkämpft, finden nur noch unzureichenden Anklang. Demokratische Prinzipien werden nicht mehr in dem Maße vertreten, wie es notwendig wäre. Entweder, weil es an Einsicht fehlt. Ihre Bedeutung wird nicht mehr erkannt. Oder es mangelt an Mut und Entschiedenheit, sich Übergriffen entgegenzustellen. Dann kommt es zu Verleugnungen, Bagatellisierungen und resignativem Rückzug. Denn sonst hätten sich die politische Korrektheit und die Identitätspolitik nicht so sehr ausbreiten können. Und der Cancel-Kultur wäre entschiedener widersprochen worden.

Eine Welt ohne Grenzen, Einschränkungen und Kränkungen, die vollkommen gerecht und inklusiv ist, wird es auch zukünftig nicht geben, mag die Sehnsucht danach auch noch so groß sein. »Es fällt schwer, die Welt so zu sehen, wie sie ist; es ist angenehmer, sie so zu erträumen, wie man sich sie wünscht. Wir ziehen alle Valium der Angst vor, daher stammt unsere Vorliebe für eine *borderless world,* eine Wiege für alte, verwöhnte Kinder.«[15]

---

15 Debray 2016, S. 15.

Literatur

Ackermann, U., Das Schweigen der Mitte. Wege aus der Polarisierungsfalle. Darmstadt 2020.

Adorno, T. W., Zur Lehre von der Geschichte und von der Freiheit. Frankfurt a. M. 2006.

Allmendinger, J., Schulaufgaben. Wie wir das Bildungssystem verändern müssen, um unseren Kindern gerecht zu werden. München 2012.

An open letter to the editor of Exceptionality, and to Prof. Kauffman and Dr. Bader regarding the »Extremism and Disability Chic«, article vom 28.1.2019, verfügbar unter: https://ladylikepunk.wordpress.com/2019/05/01/an-open-letter-to-the-editor-of-exceptionality-and-to-prof-kauffman-and-dr-bader/, Zugriff am 01.10.2021.

Basad, J., Es lebe die penetrative Energie! in: Frankfurter Allgemeine Zeitung vom 22.11.2018, S. 13.

Bolz, N., Diskurs über die Ungleichheit. München 2009.

Bölling, R., Das deutsche Bildungswesen – ein Hort der sozialen Ungerechtigkeit? Kritische Anmerkungen zu neueren vergleichenden Bildungsstudien, in: Pädagogische Korrespondenz, H. 59 (2019), S. 37–55.

Brodkorb, M., Warum Inklusion unmöglich ist, in: Brodkorb, M./Koch, K. (Hrsg.), Inklusion – Ende des gegliederten Schulsystems? Dokumen-

tation des 2. Inklusionskongresses Mecklenburg-Vorpommern, Schwerin 2012, S. 13–37.
– Warum totale Inklusion unmöglich ist. Über schulische Paradoxien zwischen Liebe und Leistung, in: Sonderpädagogische Förderung heute 59 (Jg.), H. 4 (2014), S. 422–447.
Bruckner, P., Ist die Identität bedroht – oder bedroht uns die Identität? In: Neue Zürcher Zeitung vom 12.06.2018, S. 21.
Buchsteiner, J., Freie reden in Cambrigde, in: Frankfurter Allgemeine Zeitung vom 12.01.2021, Nr. 40, S. 5.
Butler, J., Das Unbehagen der Geschlechter. Frankfurt a. M. 1991.
– Raster des Krieges. Frankfurt a. M. 2010.
Christoph, F., Krüppelschläge. Gegen die Gewalt der Menschlichkeit. Hamburg 1983.
Cohen, Y., Das mißhandelte Kind. Ein psychoanalytisches Konzept zur integrierten Behandlung von Kindern und Jugendlichen. Frankfurt a. M. 2004.
Dammer, K.-H., Einfalt der Vielfalt. Zur Heterogenität als neuer Norm der (Sexual)-Pädagogik, in: Pädagogische Korrespondenz H. 51 (2015), S. 4–31.
Debray, R., Lob der Grenzen. Hamburg 2016.
– Das grüne Zeitalter, in: Lettre International 128, 2020, S. 7–20.
Dederich, M., Inklusion und das Verschwinden der Menschen. Über Grenzen der Gerechtigkeit, in: Behinderte Menschen 36 (Jg.), H. 1 (2013), S. 32–43.

Degener, T., Vorwort, in: Brigitte Schumann: Streitschrift Inklusion. Was Sonderpädagogik und Bildungspolitik verschweigen. Frankfurt a. M. 2018, S. 7–8.
Dreher, W., Winds of change – Inklusion wollen, in: Breyer, C. / Fohrer, G. / Goschler, W. / Heger, M. / Kießling, C. / Ratz, C. (Hrsg.), Sonderpädagogik und Inklusion. Oberhausen 2012, S. 27–41.
Deutscher Hochschulverband, Resolution des 67. DHV-Tages in München: Zur Streit- und Debattenkultur an Universitäten, in: Forschung und Lehre 24 (Jg.), H. 5 (2017),
El-Mafaalani., A., Alle an einem Tisch. Identitätspolitik und die paradoxen Verhältnisse zwischen Teilhabe und Diskriminierung – Essay, in: Bundeszentrale für politische Bildung. Aus Politik und Zeitgeschichte 9–11 vom 22.2.2019, verfügbar unter: https://www.bpb.de/apuz/286512/alle-an-einem-tisch-identitaetspolitik-und-die-paradoxen-verhaeltnisse-zwischen-teilhabe-und-diskriminierung, Zugriff am 1.10.2021.
Elder, L., Uncle Tom. Dokumentarfilm 2020.
Fend, H., Bildungsgerechtigkeit und außerschulische Disparitäten – Ergebnisse der LIFE-Studien, in: Deutscher Lehrerverband (Hrsg.), Bildungsgerechtigkeit. Fachtagung 2008 – Dokumentation. Bonn 2009, S. 54–63.
Flaig, E., Die Niederlage der politischen Vernunft. Springe 2017.
Fleischhauer, J., Unter Linken. Reinbek 2010.

Fourest, C., Generation beleidigt. Berlin 2020.

Furedi, F., Why Borders Matter. Why Humanity Must Relearn the Art of Drawing Boundaries. London 2021.

Gomringer, E., avenidas, in: Spirale. International review of young art, Nr. 2. 1953.

Grau, A., Hypermoral. Die neue Lust an der Empörung. München 2017.

Greiner, L./Demling, A., »Jugendliche gucken doch eh Pornos«. Interview mit Elisabeth Tuider, in: Spiegel online vom 13.11.2014, verfügbar unter: http://www.spiegel.de/lebenundlernen/schule/sex-aufklaerung-forscherin-tuider-ueber-streit-um-sexuelle-vielfalt-a-1001437.html), Zugriff am 1.10.2021.

Haberl, T., Die große Entzauberung. München 2019.

Hänsel, D., Die NS-Zeit als Gewinn für Hilfsschullehrer. Bad Heilbrunn 2006.

Hartmann, M., Eine echte Erfolgsgeschichte? Soziale Mobilität in Deutschland, in: Forschung & Lehre 2 (2013), S. 96–98.

Henry-Huthmacher, Ch., Gender Einblicke in die aktuelle Debatte. Konrad-Adenauer-Stiftung. Hauptabteilung Politik und Beratung. Informationen und Recherchen. Berlin 2018.

Herthel, J./Jennings, J., I Am Jazz. New York 2014.

Hill, J. D., »Multikulturalismus ist eine Form kultureller Apartheid«. Interview mit Jason D. Hill 2018, verfügbar unter: https://www.novo-argumente.

com/artikel/multikulturalismus_ist_eine_form_kultureller_apartheid, Zugriff am 1.10.2021.

Ingold, S., Sei wach, richte über andere, fühle dich gut, in: Neue Zürcher Zeitung vom 21.1.2020, S. 17.

Institut für Demokratieforschung Georg-August-Universität Göttingen, Die Unterstützung pädosexueller bzw. päderastischer Interessen durch die Berliner Senatsverwaltung. Göttingen 2016.

Jaspers, K., Die Schuldfrage. Von der politischen Haftung Deutschlands. München 2016.

Joffe, J., Im Wunderland der Korrektheit, in: Zeit online vom 16.2.2017, verfügbar unter: https://www.zeit.de/2017/06/political-correctness-moral-gesellschaft-gleichstellung-korrektheit, Zugriff am 1.10.2021.

Kaube, J., Ist die Schule zu blöd für unsere Kinder? Berlin 2019.

Kaufmann, J. M./Badar, J., Extremism and disability chic, in: Exceptionally Vol. 26 (2018), S. 46–61.

Kempen, B., »Freie Debattenkultur muss verteidigt werden«, Pressemitteilung des Deutschen Hochschulverbandes vom 10.4.2019, verfügbar unter: https://www.hochschulverband.de/aktuelles-termine/kempen-freie-debattenkultur-muss-verteidigt-werden, Zugriff am 1.10.2021.

Kempen, B., Universität als Risikozone, in Frankfurter Allgemeine Zeitung Nr. 167 vom 22.7.2021, S. 6.

Köller, O./Baumert, J., Entwicklung schulischer

Leistungen, in: Oerter, R./Montada, L. (Hrsg.), Entwicklungspsychologie. Weinheim 2008, S. 735–768.

Korte, A., Beier, K. M., Bosinski, H. A.G, Behandlung von Geschlechtsidentitätsstörungen (Geschlechtsdysphorie) im Kindes- und Jugendalter – Ausgangsoffene psychotherapeutische Begleitung oder frühzeitige Festlegung und Weichenstellung durch Einleitung einer hormonellen Therapie? In: Sexuologie 23 (Jg.), H. 3–4 (2016), S. 117–132.

Korte, A./Goecker, D./Krude, H./Lehmkuhl, U./Grueters-Kieslich, A./Beier, K., Geschlechtsidentitätsstörungen im Kindes- und Jugendalter, in: Deutsches Ärzteblatt 105 (Jg.), H. 48 (2008), S. 834–841.

Kuhlmann, A., An den Grenzen zu unserer Lebensform. Texte zur Bioethik und Anthropologie. Frankfurt a. M. 2011.

Lasch, Ch., Die blinde Elite. Hamburg 1995.

Liessmann, K. P., Verkürzte Veränderung, in: Neue Zürcher Zeitung vom 9.11.2017, S. 19.

Lukianeff, G./Haidt, J., The Coddling of the American Mind. New York 2018.

Luther King, M., Ich habe einen Traum. Ansprache während des Marsches auf Washington für Arbeitsplätze und Freiheit, 28. August 1963, Washington, D. C., verfügbar unter: https://usa.usembassy.de/etexts/soc/traum.htm, Zugriff am 1.10.2021.

MacDonald. H., The Diversity Delusio. New York 2018.

Mansour, A., Die Schule ist die einzige Chance. Interview mit Heike Schmoll, in: Frankfurter Allgemeine Zeitung Nr. 249 vom 26.10.2020, S. 4.

Martenstein, H., Die neuen Leiden des alten M.. München 2014.

Mayr, A., »Die Elenden«. Warum unsere Gesellschaft Arbeitslose verachtet und sie dennoch braucht. Berlin 2020.

Murray, D., Wahnsinn der Massen. München 2019.

Neukirch, R., Kampf gegen Rassismus. »Mit Liberalen lässt sich am schwersten reden«, Interview mit Robin DiAngelo 2020, verfügbar unter: https://www.spiegel.de/politik/ausland/usa-kampf-gegen-rassismus-liberale-tun-sich-am-schwersten-a-4279f1ed-1f5c-4c5c-bc58-3eaa157ec9cb, Zugriff am 1.10.2021.

Papier, H.-J., Die Warnung. München 2019.

Pfaller, R., Sprecht wie Mimosen! Handelt wie Bestien! in: Richardt, J. (Hrsg.), Die sortierte Gesellschaft. Frankfurt a. M. 2018, S. 123–137.

Prengel, A., Inklusive Bildung in der Primarstufe. Eine wissenschaftliche Expertise des Grundschulverbandes. Frankfurt a. M. 2013.

Rebenich, St., Weiße Gelehrte unerwünscht, Frankfurter Allgemeine Zeitung Nr. 276 vom 26.11.2020, S. 14.

Reiche, R., Geschlechterspannung. Frankfurt a. M. 1990.

Reik, Th., Das Hören mit dem dritten Ohr. Hohenwarsleben 2017

Scheu, R., Die zersplitterte Gesellschaft: Warum wir uns wie Stammeskrieger gebärden, in: NZZ vom 8.2.2020., verfügbar unter: https://www.nzz.ch/feuilleton/geschlecht-sexuelle-orientierung-ethnie-der-neue-kulturkampf-ld.1539066, Zugriff am 1.10.2021.

Scheu, R./Rice, C., »Ich liebe Hegel«, in: Neue Zürcher Zeitung-online vom 26.2.2018, verfügbar unter: https://www.nzz.ch/feuilleton/wenn-dus-nicht-schaffst-versuchs-wieder-ld.1359674, Zugriff am 1.10.2021.

Schmelcher, A., Unter dem Deckmantel der Vielfalt, in: Frankfurter Allgemeine Sonntagszeitung vom 12.10.2014, S. 3.

Spiewak, M., Das ist kein Spleen, in: Die ZEIT Nr. 47 vom 10. November 2016, S. 6, verfügbar unter: https://www.zeit.de/2016/47/transsexualitaet-kinder-jugendliche-geschlecht-umwandlung, Zugriff am 1.10.2021.

Schumann, B., Streitschrift Inklusion. Was Sonderpädagogik und Bildungspolitik verschweigen. Frankfurt a. M. 2018.

Singer, Ph., Theoretischer Anspruch und praktische Wirklichkeit des inklusiven Ansatzes im pädagogischen Diskurs. Zu Konsequenzen der normativen Einseitigkeit und des Umgangs mit Fremdheit, in: Lelgemann, R./Singer, Ph./Walter-Klose, Ch. (Hrsg.), Inklusion im Förderschwer-

punkt körperliche und motorische Entwicklung. Stuttgart 2015, S. 41–48.
Sozialpädagogisches Fortbildungsinstitut Berlin-Brandenburg und Bildungsinitiative Queerformat (Hrsg.), Murat spielt Prinzessin, Alex hat zwei Mütter und Sophie heißt jetzt Ben. Sexuelle und geschlechtliche Vielfalt als Themen frühkindlicher Inklusionspädagogik. Handreichung für pädagogische Fachkräfte der Kindertagesbetreuung. Berlin 2018, verfügbar unter: https://www.queerformat.de/murat-spielt-prinzessin-alex-hat-zwei-muetter-und-sophie-heisst-jetzt-ben/, Zugriff am 1.10.2021.
Stichweh, R., Inklusion und Exklusion in der Weltgesellschaft – am Beispiel der Schule und des Erziehungssystems, in: Zeitschrift für Inklusion-online, 8 (Jg.) H. 1 (2013), S.1–9.
Thiel, Th., Der Prophet im Klassenzimmer, in: Frankfurter Allgemeine Zeitung vom 5.11.2020a, Nr. 258, S. 13.
– Toleranz im geschlossenen Zirkel, in: Frankfurter Allgemeine Zeitung Nr. 262 vom 10.11.2020b, S. 12.
– Die Überwindung des Fleisches, in: Frankfurter Allgemeine Zeitung Nr. 24 vom 29.01.2021, S. 9.
Thierse, W., Wieviel Identität verträgt die Gesellschaft? in: Frankfurter Allgemeine Zeitung Nr. 44 vom 22.2.2021, S. 9.
Transgender Trend, Johanna Olson-Kennedy and the US Gender Affirmative Approach 2019, ver-

fügbar unter: https://www.transgendertrend.com/johanna-olson-kennedy-gender-affirmative-approach/, Zugriff am 1.10.2021.

Tuider, E./Müller, M./Timmermanns, S./Bruns-Bachmann, P./Koppermann, S., Sexualpädagogik der Vielfalt. Weinheim 2012.

UN-Behindertenrechtskonvention, Übereinkommen der Vereinten Nationen über die Rechte von Menschen mit Behinderungen 2008, verfügbar unter: https://www.behindertenbeauftragte.de/SharedDocs/Publikationen/UN_Konvention_deutsch.pdf?__blob=publicationFile&v=2, Zugriff am 1.10.2021.

Viciano, A., Wunschkind, in: Die Zeit Nr. 18. vom 25.4.2002, verfügbar unter: www.zeit.de/2002/18/WUNSCHKIND, Zugriff am 1.10.2021.

von Hentig, H., »Humanisierung«. Eine verschämte Rückkehr zur Pädagogik? Stuttgart 1987.

Wendt, A., »Wir erleben eine Kulturrevolution«. Interview mit Egon Flaig, in: Tichys Einblick Nr. 6 (2020), S. 34–40.

Wikipedia, Helmut Kentler, verfügbar unter: https://de.wikipedia.org/wiki/Helmut_Kentler, Zugriff am 1.10.2021.

2022
zu Klampen Verlag
Röse 21 · D-31832 Springe
info@zuklampen.de · www.zuklampen.de

Reihenentwurf: Martin Z. Schröder, Berlin
Satz: textformart, Göttingen
Gesetzt aus Baskerville Ten
Druck: CPI – Clausen & Bosse, Leck

ISBN 978-3-86674-826-2

Bibliographische Information der
Deutschen Nationalbibliothek:
Die Deutsche Nationalbibliothek
verzeichnet diese Publikation in der
Deutschen Nationalbibliographie;
detaillierte bibliographische Daten
sind im Internet abrufbar:
http://dnb.d-nb.de